RINA MARIA PIERAZZI

SANTA CLARA DE ASIS

VIII Edición

SAN PABLO

Título original:
"CHIARA SANTA DI ASSISI"

Traductor: Faustino Cervantes Ibarrola

Con las debidas licencias

Primera edición, 1991
8ª edición, 2002

Impreso y hecho en México
Printed and made in Mexico

ISBN: 970-612-140-4

Una fascinante historia de amor

Por Nazareno Fabretti

La presente biografía de Santa Clara de Asís fue escrita por Rina María Pierazzi hace ya unas décadas. Y esta nueva edición demuestra que se trata de un best-seller humilde pero precioso, que ha caminado solitario por muchos años y que sin embargo conserva un valor auténtico y genuino para la historia y para el espíritu.

El mérito corresponde ante todo a santa Clara; pero también a su biógrafa, una escritora sensible, atenta, partícipe y a la vez rigurosa y objetiva en los datos y los hechos, capaz de captar y de traducir todos los matices de aquella "aventura de pobres cristianos" que fue y sigue siendo para nosotros la vida de Clara y de Francisco.

Son vidas diferentes y al mismo tiempo complementarias. La historia de Clara no tendría sentido sin Francisco y viceversa. Durante dieciséis escasos años vivieron "juntos" en espíritu, con breves encuentros, recluida ella en el monasterio de San Damián, entregada al sacrificio, a la oración y al trabajo. La misma vida que por veintisiete años, cuantos vivió tras la muerte de Francisco, pero con mayor rigor y una mayor pasión al defender, también para él, los riesgos que corría lo que ella y Francisco llamaban "el privilegio de la santísima pobreza". Ni siquiera fue Francisco tan radicalmente pobre cuanto lo fue Clara. No tuvo ella, aunque haya sido por elección voluntaria y feliz, contacto alguno con el mundo. Y él cumplió itinerante y libre también la parte de Clara. Por esto y otras razones más, a ocho siglos de aquella experiencia tan antigua como nueva, siempre profética, se puede hablar de una gran historia de amor en la cual una mujer, aquel tan exorcizado "femenino" peculiar de la Edad Media, logró ser una fuerza del espíritu, una fantasía total en la oblación a Cristo. Hoy a esta mujer, a esta sierva del Señor hemos comenzado nosotros, los Frailes Menores, a llamarla merecidamente "nuestra madre Clara", como lo llamamos a él "nuestro padre Francisco".

La herencia de Francisco ha ido pasando, a lo largo de ochocientos años, a muchos de sus hermanos, hijos y amigos, santos y no santos, hombres y mujeres, con frecuencia ilustres, a veces también ejemplos de radicalismo evangélico. Pero en ninguno de ellos esa herencia pasó tan apasionada y viva como en Clara.

Cuando la Orden franciscana, a pocos años de la muerte de Francisco, había levantado sólidos conventos y grandes templos (estupendos algunos como la basílica inferior de Asís, ideada y construida por Fray Elías precisamente para sepultar y venerar en ella al Pobrecillo), y no pocos frailes menores eran ya maestros de filosofía y de teología en las universidades más famosas de Europa, en San Damián la pobreza no había cambiado en lo más mínimo. Reinaba allí soberana la fidelidad vivida por Clara. Ella seguía siendo la misma que aquella noche en la que huyó de su casa y corrió a hacerse consagrar a Cristo por Francisco en Santa María de los Angeles; la misma que había resistido arrodillada, diciendo "no" al papa Gregorio IX que le ofrecía una mitigación legítima de la pobreza.

La de Clara y Francisco es una aventura cuyos valores se tornan ahora más actuales que nunca, y el libro de Rina María Pierazzi es de ello estímulo y confirmación. Aun vista con una óptica externa, como una historia "romántica", ella lo es en la medida en que es ascética, de gozosa "crucifixión", oblación y contemplación, en el total despojo de toda posesión, poder y privilegio. Y los acontecimientos de sabor legendario, que a menudo expresan la verdad sicológica y afectiva de una historia, nunca contrarían del todo los datos certificados aun por las recientes críticas e investigaciones. Tenía razón Arnaldo Forlini, el benemérito historiador asisiano, cuando escribía a propósito de la obra de Rina María Pierazzi: "Es una vida que, escrupulosamente fiel a la historia, constituye un verdadero poema de fe y de amor".

La historia de Clara y Francisco es también, con admirable "modernidad", una historia de amistad evangélica total y fiel. De tener razón los compañeros de Francisco que fueron luego también sus biógrafos como Tommasso da Celano, León, Egidio y otros anónimos, que describen un Francisco misógino e intratable con sólo oír hablar de mujeres, aun de las consagradas como Clara y sus hermanas, podemos estar seguros de que sólo ella, con el tiempo, consiguió hacerle vivir una fraternidad, una amistad y una ternura hacia ella y hacia las demás mujeres, que se cuentan entre los carismas más fascinantes de Francisco ayer y hoy.

Entre ellos ni siquiera una carta, a lo que se sabe. No había necesidad. Releyendo el epistolario de

Eloísa y Abelardo, historia en primeras personas de un desesperado error de amor, me he preguntado varias veces qué cosa hubiera podido ser un epistolario Clara-Francisco, en ese nivel de transparencia espiritual. Pero aun de una tal riqueza prefirieron permanecer pobres hasta el fin.

Por otra parte, tras ocho siglos, no habrá ya necesidad de saber en absoluto si Francisco, al contemplar el reflejo de la luna en el pozo una noche de cansancio, haya de verdad dicho al compañero: "Esa no es la luna, sino el rostro de la hermana Clara"; o también: "después de Dios y el firmamento, Clara". Histórico es que solicitara de ella, en los principios, consejo sobre su propia elección de vida (itinerante o monje), como lo había preguntando a su compañero Silvestre, que era sacerdote. Las funciones de uno y otra, sólo en apariencia diversos, jamás los dividieron. El se llega hasta el corazón del Islam, en Egipto, y se torna amigo del sultán en plena Cruzada. Ella, un año después en 1240, por dos veces, una mostrando la sagrada Eucaristía y la otra orando durante una noche entera, pone en fuga a los sarracenos que asedian Asís a sueldo del emperador Federico II. Clara y Francisco viven la contemplación en la acción, y la acción en la contemplación. Y difunden la "paz" y el "bien". Y gracias a ello, por su espíritu que arde aún, Asís se convierte en estos años, para todas las Iglesias y las Religiones, en la "capital de la paz, al reunirse allí, con el papa Juan Pablo II, las cabezas de todas las Iglesias y religiones.

Hay que leer este humilde libro de Rina María, por lo que en sí vale, como una narración sencilla, límpida, apasionada, aun cuando aquí y allá su lenguaje tenga un sabor arcaico. Es la prueba de que sólo el rechazo a todo ídolo, y la total y voluntaria pobreza, garantizan el primado del amor.

SANTA
CLARA DE ASIS

Capítulo I

"Quasi sol oriens" – "Como sol naciente"

Por las callejas de Asís retumba un áspero resonar de armas y de herraduras. En la ciudad destinada a irradiar sobre el mundo la más pura, la más inextinguible luz de caridad, al agonizar el siglo XII no arde otra llama que la del odio de facciones, nutrido por la rabiosa sed de conquista y de sangre y por las continuas explosiones de ocultos y abiertos rencores.

Triste tiempo de miseria y de hambre, resultado de agresiones, luchas y guerras, sufridas o provocadas por Asís contra los opresores y los asaltantes. No se vive tranquilo. Cada aurora, cada crepúsculo pueden esconder una acechanza, porque hay un fermento de odio que atemoriza, la miseria es grande y la prepotencia es más grande aún.

En el almacén de messer Pietro Bernardone, uno de los hombres más respetados del municipio, se discuten entre mercaderes y amigos las difíciles condiciones de la región, el nuevo dominio de Asís sobre la ciudad episcopal de Nocera, y también las fiestas y los torneos con las que los ciudadanos se compensan de las continuas e inhumanas vejaciones de los feudatarios. Pietro Bernardone encabeza la discusión, dado que por su opulencia y por su comercio de lanas y sedas con tierras de Francia, es tenido por los ciudadanos y por los dirigentes en gran consideración.

Su negocio, situado en el barrio de Santa María la Mayor es amplio y bien surtido, y por ello acuden gustosos a él los mercaderes de los alrededores. Sólo los pordioseros de vestidos desgarrados y caras macilentas pasan desconsolados frente a las amplias puertas lanzando hacia ellas una mirada desolada. No se encuentra allí ese apuesto muchacho de doce años, de ojos luminosos, de sonrisa rebosante de bondad, que nunca cierra sus oídos a las invocaciones que se le dirigen. No está.

Quizá se halla fuera de las murallas corriendo por la campiña y compitiendo con los amigos con alegres canciones.

Es inútil detenerse. El rostro duro y decidido de Pietro Bernardone aleja a los pobrecillos, como los aleja su rudo gesto de negación.

Ni siquiera está su mujer, madonna Pica, tan caritativa y solícita que jamás niega un pan y una moneda a quien llama a la puerta de su casa.

Y se van desconsolados por las calles solitarias, en busca de un pan que tal vez no encuentren en todo el día.

En la bodega de Pietro Bernardone se conversa animadamente. Su hijo menor, Angelo, un chico de ojos indefinidos, cuenta con avidez el dinero sonante en la bandeja, porque Angelo ama el dinero como su padre, y reprocha a su hermano Francisco la absoluta indiferencia que éste manifiesta por las relucientes monedas paternas.

Francisco y Angel.

Son dos hermanos, dos flores del mismo tallo, educados con igual amor por madonna Pica; pero entre ellos se ha abierto un insondable abismo.

Repentinamente llega de la plaza una alegre voz argentina. Es Francisco que retorna cantando "La chanson du rossignol", que le enseñara su madre cuando era pequeño. Regresa a casa radiante de júbilo, espigado y ligero bajo el fastuoso vestido que lo revela como el muchacho más rico de Asís.

Tiene doce años. Es puro y límpido como una flor del campo. No ha iniciado todavía su adolescencia, disipada y ávida de festines, de armas y de guerra. Es la verdadera y luminosa aurora de ese astro que dentro de poco se convertirá en la luz del mundo.

Pietro Bernardone está muy ufano de este su primogénito a quien, retornando de Francia, a pocos días de nacido le quiso cambiar el nombre de Juan, impuesto por su mujer, por el de Francisco, en reconocimiento por aquella tierra en la que florecía felizmente su comercio de rico mercader. Pero hay algo que en ese hijo suyo lo inquieta y lo confunde. Quizá es la mirada de Francisco que en algunos momentos se pierde en el sueño, como si un no sé qué de misterioso e inevitable lo atrajese; quizá es la rapidez con la que toma de la caja alguna moneda para ponerla en la mano descarnada y temblorosa que se tiende hacia él; quizá, y más aún, es la bondad luminosa de su sonrisa cuando se inclina hacia el pobre que sufre o que implora.

Ese muchacho de ojos relucientes y de voz acariciadora lo inquieta de verdad, porque messer Bernardone ha cimentado en su primogénito todo el edificio de la sólida fortuna de su familia y de su mercadería. Porque para ser mercader se necesita tener pulso firme y carácter duro. Pero Francisco, que gracias a la autoridad paterna y a la gracia de su persona es acogido con entusiasmo por los jóvenes nobles de Asís, no demuestra ninguna inclinación por el comercio ni por los negocios.

Regresa ahora de la escuela de san Giorgio donde aprende los primeros elementos de las letras; viene alegre, rozagante, jubiloso. Su personita irradia luz; es el muchacho feliz y pródigo que parece creado para la alegría de la vida, para hacer brillar en los festines y en las reuniones la fresca despreocupación de su adolescencia.

Francisco trae una alegre noticia. La ha oído de algunas mujeres que descendían poco antes de la catedral de San Rufino. La casa de messer Favarone de Offreduccio, situada en la plaza de la Catedral, rebosa de júbilo porque madonna Ortolana, dama de buena estirpe, aquella mañana de otoño ha dado a luz una niña a la que se le pondrá por nombre Clara.

Ha esparcido la voz Pacífica, hija de messer Güelfuccio di Bernardo, joven pariente y amiga de madonna Ortolana, y a quien parece que la rosada creaturita ha traído a la opulenta casa de messer Favarone di Offreduccio una luz del paraíso.

Francisco sonríe por las palabras proféticas que ha escuchado. Aunque no puede saber que esa niña brotada como flor milagrosa en una época de luchas y de sangre se convertirá en la heredera más pura y fiel de la gran obra a la que él, inconcientemente, se encamina entre música y cantos, acumulando riquezas y alegrías que un día habrá de ofrendar a los pies del Crucifijo como despreciable carga.

Corre el año de 1193. En el trono de San Pedro se asienta el papa Celestino III.

En la casa de messer Favarone de Offreduccio reina una gran animación y un sincero gozo. Por las vastas salas y los amplios corredores van y vienen de puntillas las sirvientas, los mozos, los hombres de armas, para no turbar el reposo de madonna Ortolana tras su largo y doloroso alumbramiento.

Tan sólo Favarone está insatisfecho, porque él quería un primogénito varón. Y por eso el nacimiento de la niña no tiene para él importancia alguna, y ahora que su esposa se encuentra ya a salvo de sus dolores, se pone de nuevo a razonar sobre las conquistas y los intereses de Asís, ciudad de la que es él uno de los pricipales señores. Lo acompañan su cruel hermano Monaldo y sus soldados, y los tres sargentos, Gilius, Amícolus y Bernarducius, los más fieles entre todos sus subordinados, y de los cuales ningún patricio como Favarone está tan bien servido.

En la penumbra de su recámara reposa madonna Ortolana. Al lado de su gran lecho cubierto de brocado violeta vela su joven amiga Pacífica, mientras en la cuna velada duerme envuelta en finísimos linos Clara, quien como lo dice su nombre será límpida y pura, destinada a iluminar el mundo con una suavísima luz.

Madonna Ortolana es joven, lozana y bella. De estirpe de héroes y nobles, quiso también ella aventurarse más alla del mar para visitar la Tierra Santa inmediatamente después de su boda, para recorrer en la oración y la humildad los caminos recorridos por Jesús.

No la arredraron ni las ásperas dificultades ni los peligros ciertos de esa larga navegación. Con fervor y ánimo indomable arrostró la prueba, intuyendo que algo "nuevo y grande" debía nacer de ella. Y ahora habla largamente con la dulce Pacífica, evocando las incomodidades y los gozos de ese viaje a la tierra bendecida por la presencia de Jesús.

Su fervor no se había satisfecho con aquel lejano viaje. De regreso a la patria, había querido ir en peregrinación al santuario de san Miguel en el monte Gárgano, en Apulia, y luego a Roma para orar junto a la tumba de san Pedro, el apóstol al que Cristo había confiado velar sobre su grey.

¡Recuerdos... recuerdos...! Pero cómo le reflorecen en el corazón ahora que habla a la amiga, ahora que junto a su lecho duerme en la cuna su creatura brotada hace pocas horas a la vida.

La llamará Clara.

Sí. Porque cuando en la inminencia de su parto ella oraba ante el Crucifijo en la catedral de San Rufino, una voz sobrehumana le había susurrado al oído: "Mujer, no temas, porque felizmente darás a luz una cierta luz que claramente iluminará todo el mundo".

Aquello no fue un sueño, no fue una ilusión. "La luz que iluminará todo el mundo" duerme su primer sueño en la rica cuna que le preparó el amor maternal.

En San Rufino, la estupenda catedral de Asís que desde 1100 levanta hacia el cielo su mole románica, Clara, hija de messer Favarone recibe el bautismo en la misma fuente en la que doce años antes lo había recibido Francisco, hijo de messer Pietro Bernardone.

Algunos años más tarde también será bautizado allí el futuro emperador Federico II de Suabia.

Tríade significativa: el renovador de la Iglesia, la luz limpidísima de la Iglesia, el enemigo implacable de la Iglesia. Sombra ésta sobre la cual habían de brillar fúlgidos y luminosos los dos grandes astros de la Cristiandad.

Posiblemente asistió Francisco al bautismo de la primogénita de messer Favarone quien rico, poderoso y manirroto, quiere también hacer gala de su opulencia multiplicando las invitaciones a todos los principales de la ciudad, entre los cuales no puede faltar Pietro Bernardone y su familia.

Así el jovencito pudo haber llevado una luz de alegría a aquélla que habría de ser, en palabras de San Buenaventura, "primera plantita, queridísima de Dios, aromada como un lirio, resplandeciente como una estrella".

Pero el muchacho sonriente no conoce todavía el camino que debe recorrer. Rodeado por los cuidados amorosos de su madre, apunta ya en su alma el amor por la poesía. De ella ha aprendido las bellas canciones de los trovadores errantes que de la Provenza bajan a Italia, narrando a los atónitos oyentes la leyenda de Isolda y las gestas de los valientes caballeros del rey Arturo.

"La chanson du rossignol", las rimas de Rambaldo y los lamentos de los *troubadours* sin pan y sin fortuna exaltan su joven mente. Y en su corazón se enciende el primer destello de la magnífica flama que será toda su vida.

El ama la tierra y el cielo de su dulce Asís; ama los alegres encuentros, los lucidos torneos, los vistosos festines y el fragor de las armas; tal vez sueña traducir en acción las gestas de los legendarios caballeros, ceñidos con los colores de su dama, y cuyas canciones de aventuras le ha cantado madonna Pica con gracia y con nostalgia.

Es abril del año 1198.

Túrbido tiempo para Asís.

Tras la muerte del papa Celestino III ha ceñido la tiara pontificia Lotario de los Condes de Segni bajo el nombre de Inocencio III. Sucesión feliz porque es justamente este sabio e inteligente pontífice quien llevará a la Iglesia a su máximo esplendor.

Desde la altura de la maciza Roca de Asís impera el tudesco duque Conrado de Urslingen, tiranuelo feroz y caprichoso. Encerrado en su amenazadora y almenada mansión sobre el cantil que da al río Tescio, cuando Inocencio III reclama la señoría del ducado de Espoleto, parte solícito a entregarla en manos de los Legados pontificios.

Apenas el duque toma en el camino de Narni, la palabra de orden corre por Asís y de improviso el repique de las campanas llama a los hombres a las armas.

Se da el asalto a la Roca.

Asís quiere ser libre. Ninguna esclavitud.

Francisco, de apenas dieciséis años, participa en el asalto. El primero en las fiestas, en los torneos de canto y de poesía, derrochador espléndido y generoso, se ejercita en la guerra y se entrega a ella con entusiasmo.

La ciudad es un hervidero de odio y de armas. Se inicia la terrible tempestad que entenebrecerá por largos años el bello cielo umbro. Sin piedad y sin cuartel se desencadena la guerra a los castillos. El más amenazado es el de Leonardo de Gislerio, señor de Sassorosso, asentado en la ladera del monte Subasio. A pesar de su reciedumbre y majestad no logra resistir el asalto del municipio; recia pero inútilmente lo defienden con heroísmo Gerardo, Leonardo y Fortebraccio. El castillo cae en manos de los asaltantes.

Parece renovarse el tiempo del arzobispo de Maguncia, cuando a la cabeza de su ejército bárbaro sometió Asís con la fuerza más cruel. Y está vivo aún el recuerdo de Barbarroja, quien en 1177 se apoderó de la Roca e impuso como señor al poderoso Conrado de Urslingen para tiranizar al pueblo y a la ciudad.

Se diría que la paz y la serenidad no retornarían ya más a alegrar la dulce tierra vigilada por el majestuoso macizo del monte Subasio y regada por los plateados listones de los ríos Tescio y Chiascio…, y sin embargo se asoma, en medio de tanto horror, un claro de prometedor azul.

Mientras Francisco combate con ardor y ocultamente prepara su alma al incomparable prodigio, por las calles de Perusa una niña de cuatro años, de cabellos rubios llenos de sol y de grandes ojos límpidos llenos de cielo, va dando sus pasitos en busca de pordioseros para regalarles el don de su pan y de su sonrisa. Es la hija de messer Favarone y de dama Ortolana. Es Clara, la suave niña patricia que irradia su luz en las túrbidas tinieblas de ese tiempo de insidias y de violencia, como luz de un astro que se asoma parpadeando a través de los girones de nubes cargadas de tempestad. Con ella camina Felipa, hija de Leonardo de Gislerio, el castellano de Sassorosso.

La rabia del pueblo y el espanto de la guerra han aconsejado a los nobles asisianos, entre los cuales Favarone y Leonardo, alejarse de la ciudad para poner a salvo, si no sus propiedades, al menos sus familias. Retornarán del voluntario destierro tan sólo para reconstruir o restaurar sus moradas.

En la hospitalaria casa de Benvenuto de Perusa la pequeña Clara, inspirada por la voluntad suprema, se ha arreglado una especie de clausura. Es silenciosa, obediente, atenta a las enseñanzas de su piadosa madre. Ha aprendido a orar sin distracción, sintiéndose siempre bajo el fuego de la mirada de Dios. No son de su gusto los juegos clamorosos ni las diversiones inútiles.

Continuamente su límpida alma se halla ocupada y preocupada por aquellos que sufren la miseria y el hambre. Si sale acompañada por amigas o sirvientas, su primer cuidado es llenarse la bolsa con buena moneda para distribuirla entre los mendigos que le saldrán al paso. Y cada limosna va acompañada por una sonrisa tan radiante que los infelices se sienten como iluminados por una bendición.

Aún más. En su rica mesa hay abundancia de alimentos, mientras muchas creaturas carecen de pan. Y entonces, ingeniándose para que nadie la descubra, la pequeña Clara sustrae de su propio plato las mejores porciones, aunque contando con la benigna complicidad de Felipa y de Benvenuta que se convertirán en las primeras y fieles compañeras de su clausura.

El sufrimiento ajeno es la continua preocupación de su dulcísima humanidad. No cabe en la cabeza de Clara, que goza de todas las comodidades, que haya en el mundo alguien sin techo y sin pan; que haya enfermos sin atención, huérfanos abandonados, ancianos de quien nadie se ocupe.

Es la terrible e inhumana lógica del tiempo.

Aun siendo una niña, Clara no desconoce esta situación, y con ímpetu celestial reacciona ante ella. De día en día se va encendiendo en su ser una maravillosa flama que nunca habrá de extinguirse, antes se agigantará de hora en hora; su caridad fraternal por las creaturas que sufren y por las que arde incomparablemente su pequeño corazón.

Y con la caridad por las creaturas le estalla en el alma el amor ardentísimo por el Creador, el deseo santo de penitencia, el impulso fervoroso e inagotable por la oración.

Un sentido maravilloso de absoluta perfección bulle en esta niña agraciada de finos cabellos rubios llenos de sol y de grandes ojos azules llenos de cielo que ya sabe esconder, bajo los vestidos de terciopelo y de damasco, un duro cilicio que se le encaja en la frescura de su carne y cuyo tormento no es capaz de hacer menos luminosa su sonrisa, ni menos leve y tranquilo su menudo paso.

"Quizá sólo así, piensa ella, se puede obtener gracia a los ojos del Señor".

Para más acercarse a Jesucristo, a quien ama con creciente y palpitante amor, Clara ora sin interrupción. Ora con el corazón y con los labios, toda encendida en fe. Se ha impuesto una determinada práctica de oraciones y, para no fallar ni siquiera en una, ha tomado la costumbre de contarlas con piedrecitas. Muchas veces llama a sus compañeras y con ellas, de rodillas en su recamarita o bajo la libre bóveda del cielo, con las manos juntas y la blonda cabeza inclinada, ora por todos los dolores y los pecados del mundo que su alma inocente no conoce.

En ocasiones la mirada de sus límpidos ojos azules se posa en lontananza, allá en las faldas del monte Subasio en cuya cima negrean las torres de Asís. Allá se encuentra su casa y allá está su destino; pero el horror de la guerra todo lo atropella y lo destruye. ¿Cuándo acabará el doloroso destierro?

Largo y duro exilio atormentado por la indomable lucha entre perusinos y asisianos. Ha tenido lugar un violento encuentro en la llanura; Francisco, que combatía gallardamente, ha sido hecho prisionero.

Se sabe que en la cárcel de Perusa él vive alegre, despreocupado por el cepo y por las cadenas; se sabe que anuncia en voz alta su futura grandeza y algunos comienzan a dudar de su cordura...

Clara no. En su pequeño corazón suena una voz que ella no comprende, pero que la hace pensar con reverencia en el hijo de Pietro Bernardone.

La infancia de Clara está toda ella ensombrecida por las vicisitudes de su familia y de su terruño; no hay una sonrisa para ella. Es de verdad una "muñequita" cerrada y pensativa, como gustaron en definirla sus primeros biógrafos al describir su juventud.

Finalmente el destierro termina. Messer Favarone retorna a Asís con su familia. Corre el año de 1205.

Capítulo II

La generosidad de Francisco

La espléndida casona de messer Favarone de Offreduccio, dañada por la revuelta popular, se encuentra ya restaurada y alegrada por las tres graciosas hijas: Clara, Inés y Beatriz.

Son tres niñas y Clara, la primogénita, tiene algo más de once años; instintiva e irreprensible, ya se han arraigado en ella la cordura y la reserva de una mujer madura.

Nunca su gentil y luminosa cabecita rubia se asoma a la ventana cuando, en la plaza blanca de plenilunio, pasan cantando los jóvenes de la ciudad; nunca pide un adorno ni una diversión. De día en día se hace más recogida y más humilde y su madre, al mirarla, recuerda con emoción la voz misteriosa que le advirtió: "No temas mujer, porque felizmente darás al mundo una cierta luz que iluminará todo el mundo".

Sí. Aquello no fue una ilusión. La luz de Clara será verdaderamente la luz y la gloria de la familia, de la ciudad, del mundo entero.

El corazón de una madre no se engaña. Y sus ojos contemplan con respetuoso amor a la jovencita que va y viene por la casa con paso ligero.

Mas aunque encerrada en su bella casona, defendida como una fortaleza y entre un ir y venir de caballeros y de arqueros llamados por Favarone y por Monaldo, llegan hasta Clara las noticias de la ciudad.

Le han contado que Francisco, el hijo de messer Pietro Bernardone, el joven más elegante y gallardo de Asís, el que canta las más bellas canciones y viste las túnicas más ricas, tras haber vuelto a la casa paterna, está a punto de partir con el conde Gentile para ponerse a las órdenes de Gualterio di Brienne, que combate en Apulia bajo la bandera del papa Inocencio III.

Al comentar los tiempos de negra miseria en la que ha caído Asís, alguien pondera a Clara la generosidad y compasión sin límites que ese joven despliega hacia los que sufren, al grado que un día, encontrándose con un noble compañero de placeres que regresaba de la guerra en la miseria más lastimosa, no ha dudado en despojarse de sus ricas vestiduras para cubrir al desventurado cuyas ropas estaban reducidas a girones.

Clara escucha y calla.

Ahora Francisco se ha enfervorizado a tal grado con sus sueños de guerra que ni siquiera la prisión y la enfermedad lo hicieron palidecer. La avidez de gloria le quema todavía más las venas. La nueva empresa debe producirle, por lo menos, fama de experto capitán.

Tal vez revive en él aquel noble entusiasmo de los caballeros del rey Artús cuyas gestas le narrraba madonna Pica en los ya lejanos días de la infancia. Y parte Francisco para ofrecer sus armas al conde Gualterio di Brienne.

Todo Asís habla de esta empresa y Clara misma no lo ignora. Tal vez rece por aquél que habrá de pedirle la suprema renuncia, el privilegio incomparable de seguirlo en la nueva vía de la penitencia.

En las largas horas de labores y de dulce intimidad con sus hijas madonna Ortolana, la pía y amorosa madre, acostumbra narrarles los peligros y la felicidad de los viajes que ella emprendió y describe a Clara la tierra de Jesús, donde él dio la primera sonrisa en la gruta de Belén y el último suspiro en la cruz del Gólgota.

Pálida, la jovencita escucha y su alma se siente atraída hacia esa cruz...

Sí. Porque no hay otro camino de redención más que el que conduce al Calvario; solamente en Cristo se halla la luz de vida eterna; sufrir su martirio, recoger en el hueco de las manos tendidas en generosa oración el tesoro infinito de su sangre y de sus lágrimas, éste es en adelante su único, santo e inquebrantable propósito.

¡Cómo le late el corazón a la pequeña Clara! Tan fuerte, tan fuerte, como si hubiera de saltar en pedazos al unirse al espasmo del Redentor.

¡Cristo, Cristo! Nada fuera de él; nada fuera de su amor...

Sufrir, sufrir para que El sienta repercutir en esta frágil creatura rubia todo el latido de su pasión divina.

En este ímpetu de entrega Clara palidece como si cada vena se le vaciara de sangre y la oración le brotara del alma cual torrente de fuego.

"Ella es pura, declaró Bona di Guelfuccio, como si hubiera sido santificada en el vientre de su madre".

Todo en ella es nitidez y gracia. Su personita de adolescente se hace alta, esbelta, de formas delicadas. En su rostro de camelia resplandecen los ojos dulcísimamente azules; su larga y fina cabellera rubia es recogida en la nuca por una diadema de oro; sus vestidos son de mullido terciopelo y de finísima seda, bordados con plata y perlas; sus menudos pies portan finas zapatillas. Y sin embargo ella nunca se contempla a sí misma; deja que su madre y sus hermanas la adornen con celosas atenciones, escondiéndoles con astucia el insospechable cilicio de estameña, prenda hecha de pelo áspero de cabra, que le desgarra la carne.

Dice de ella Tommaso da Celano:

"Aun cuando portaba preciosos paños, llevaba sin embargo bajo ellos el cilicio, adornándose por fuera con vestiduras y vistiéndose por dentro de Jesucristo".

Cuando Clara acude a San Rufino para las ceremonias dominicales, busca el rincón más alejado y más oscuro para postrarse en la oración que la eleva a Dios y que hace descender a Dios a ella.

El mundo entonces desaparece; no existe entre Clara y el paraíso más que un rayo de luz.

Conoce ella el gozo purísimo de esta mística unión de la creatura con su Creador, y mientras más goza más profunda se hace su humildad. Las preciosas vestiduras le pesan y las joyas que le rodean el cuello de lirio y las sutiles muñecas, le pesan cuanto al galeote las duras cadenas.

No hay que adornarse así, despilfarrar el dinero en una joya inútil, cuando por los caminos de la tierra vagan, desesperadas, creaturas sin techo y sin pan; cuando gimen bajo sus horribles llagas, evitados con asco, los leprosos cuyo número crece espantosamente cada día.

En casa esta jovencita aureolada de pureza es la maravilla, el ejemplo, el orgullo de sus familiares. Jamás levanta la voz: es sencilla, atenta, silenciosa, pía. Con ese su instintivo porte de patricia que revela en ella su buena estirpe, impone respeto y amor en quien se le acerca.

Dirá de ella Bona di Guelfuccio de Asís:

"Se estaba siempre en casa, y se estaba escondida, no queriendo ser vista, y así vivía de manera que no pudiera ser vista por quienes pasaban frente a su casa. Era también muy benigna y se dedicaba a las otras obras buenas".

El animador

Mientras su futura discípula prepara inconcientemente su propia alma al gran voto que habrá de llevarla al refugio de San Damián, Francisco de Asís se dispone con entusiasmo y fervor a partir hacia Apulia. Hay en su radiante juventud un ímpetu nuevo.

Con sumo cuidado vigila sus armas y su brioso corcel, porque aspira a ser el sin par caballero que combate por la gloria y por el honor de su tierra y de su pendón. Y en su alma se agita la certeza de un triunfo al que no sabe todavía calificar.

Sueña con un triunfo de armas que será, por el contrario, un triunfo de pobreza.

Continúa inundando su corazón aquella alegría que tanto incomodó a un compañero de prisión, cuando hallándose él prisionero en Perusa durante la guerra feudal, proclamaba abiertamente: "Gozo y me regocijo en el Señor, porque sé que vendrá un día en el que todo el mundo se inclinará ante mí".

Piensa quizá en la fama del capitán del "que hablará todo el mundo". Pero es la cruz de Cristo la que lo inmortalizará.

Maravillada asiste Asís a la partida del hijo de messer Pietro Bernardone. Nunca se había visto un caballero tan rico y de tal prestancia, ni armas más relucientes ni bridón tan brioso. El rostro de Francisco resplandece de alegría porque ciertamente le espera una gran victoria.

De feliz augurio es el sueño que tuvo por la noche. Vio su casa transformarse en un estupendo castillo centelleante de armas, con los estandartes carmesí cruzados de blanco de los caballeros de Cristo, que ondean al viento en lo más alto de las torres maestras. Y mientras él se pasea por las ornamentadas salas, de repente se le presenta una jovencita de finos cabellos rubios llenos de sol y de límpidos ojos azules llenos de cielo.

Quizá sea la dama soñada en sus fantasías de muchacho, la dama cuyos colores habrá de adoptar, como es de ley entre los buenos caballeros.

No hay duda. Esta es de verdad la dama que todavía él no conoce, pero a la cual ofrendará toda su vida. La dama tiene los ojos y la cabellera de Clara y se llama: madonna Povertà, señora Pobreza.

Y mientras Francisco pasea la vista por la magnificencia que lo circunda, escucha una voz que le grita:

"Todo esto es para ti y para tus caballeros".

Sueño de buen augurio, pues. La victoria y la gloria son cosas ciertas.

El joven salta a la silla. A su lado cabalga un compañero pobre, desprovisto de armas decorosas y por las que se siente confuso y avergonzado. Francisco no vacila, como jamás ha vacilado en depositar en la mano del primer mendigo que le sale al paso todo el dinero de su bolsa, ni en dar su propio manto forrado de pieles al harapiento que se muere de frío. Rápidamente regala al caballero sus mejores armas y se lanza al galope por el camino de Foligno.

Esta fragorosa partida y el acto generoso del hijo de Pietro Bernardone se convierten de inmediato en motivo de habladurías en Asís. Y si el rudo mercader arquea las pobladas cejas, irritado por la prodigalidad de Francisco, Clara sonríe cuando una jovencita amiga le cuenta lo acontecido. Porque ella entiende bien cómo es justo dar lo propio a quien nada tiene.

Por ello en su corazón de virgen se enciende el más vivo deseo de conocer a aquel que tanto ha dado que hablar por su festiva juventud, y por el brío que imprime en los festines; pero sobre todo por ese fervor de caridad que atrae hacia él todos los pobres, a los que brinda alimento, dinero y vestido, a despecho de la ira paterna.

Clara comprende perfectamente cómo se pueda dar el propio manto a quien tirita de frío, cómo se puedan dar las propias armas a quien no las tiene para combatir por una buena causa.

Ella no dudaría en dar sus propias joyas al mendigo que pasa y vestir con su propia túnica al leproso que arrastra, como una maldición, su cuerpo llagado.

Pero pasados pocos días se esparce una voz en Asís: Francisco el hijo de messer Bernardone ha regresado de improviso; y ha regresado escuálido y temblando de fiebre porque el mal lo ha sorprendido por el camino y ha debido detenerse en Espoleto, en la imposibilidad de seguir a los compañeros en la nueva empresa.

Los comentarios de la ciudad por este intempestivo regreso llegan hasta Clara, en quien se acrecienta cada vez más el vivo deseo de conocer a Francisco.

La fiel informadora de Clara es una compañera y parienta suya, Bona di Guelfuccio, que le lleva cuanto se dice en Asís.

Poco a poco en la voluntaria clausura de su hermosa casa, donde hay un continuo ir y venir de caballeros y de soldados, amigos y compañeros de Favarone su padre, y del tío Monaldo, la jovencita va enterándose de muchas cosas de la vida de Francisco.

Le han contado cómo éste, tras un duro encuentro con su padre, se ha retirado a la humilde iglesia de San Damián para reforzar los muros semidestruidos, obedeciendo la voz del Crucifijo que le ha encomendado, en respuesta a su ardiente plegaria en la que pedía ser iluminado sobre el camino que había de tomar:

"Francisce, vade et repara domun meam, quae, ut cernis, tota destruitur: Francisco, ve y restaura mi casa que, como ves, se está convirtiendo en ruinas".

Le han dicho que el joven más brillante de la ciudad, el que canta las más bellas canciones de armas y de amor, el que en los torneos ataca con mayor donaire y se presenta con estupendas vestiduras, se ha transformado de repente.

Mientras Asís se debate en trágicas luchas y parece hundirse cada vez más en las sombras de una negra bruma de corrupción y de odio, el joven que había anhelado el estruendo de las armas, la luz de la victoria y la embriaguez de todo triunfo humano; el joven que amaba la dulzura de la vida y que rehuía cuanto fuera vulgar, ha sabido vencer su propia repugnancia besando las llagas hediondas de un leproso. A veces desaparece por días enteros, regresando a casa demacrado, con los ojos luminosos, palpitando todo él por la prolongada oración en la que se ha sumergido hablando con Dios.

Ya no viste las más vistosas telas ni las túnicas bordadas en plata; sus vestidos se van haciendo más sencillos. Y se va solo, por las calles de la ciudad, en busca de mendigos a quienes ofrecer su piedad, su pan, su dinero y no pocas veces su capa y su calzado. Es humilde, apacible, silencioso, ensimismado en sus pensamientos.

La gente lo contempla estupefacta. ¿No estará el hijo de Pietro Bernardone a punto de perder la razón por tantas locuras que ha cometido?

Su padre no puede contener la ira al ver desaparecer cada día de la caja un puñado de monedas, y de los armarios algunos metros de tela. Monedas y tela que Francisco reparte liberalmente a los pobres, sin preocuparse en lo más mínimo por los reproches y los golpes que le puedan caer encima. El furor del mercader estalla cuando llega a saber que un buen rollo de lana escarlata ha sido vendido en el mercado de Foligno por su hijo, quien ha dado su importe al sacerdote de San Damián para que compre el material requerido para la restauración de la ruinosa iglesia.

De todas partes llegan a casa de Clara estas noticias. Allí son ellas discutidas acaloradamente. No cabe la menor duda de que el joven Francisco está perdiendo la razón al cometer tan inauditas fechorías. Porque ¿cómo se puede explicar de otra manera su manía de dilapidar el dinero entre los mendigos y acercarse a los leprosos, infringiendo el edicto del Alcalde que los arroja de la región como perros con rabia?

No falta quien compadezca ya a Pietro Bernardone por este extravío de su primogénito. Clara no, calla y comprende. Surge en ella una nueva luz. Su alimento se hace más parco y más áspero el cilicio que oculta bajo sus vestidos de noble dama, más generosa la cantidad que dedica a los mendigos cuando vienen a llamar a la puerta de su casa.

Y luego, un día, se habla de Francisco con desprecio y con indignación.

Ha pasado él por las calles de Asís con los vestidos desgarrados, los cabellos en desorden, el rostro demacrado y sonriente y lo han correteado a pedradas, como a un loco. Ya que ha ido a buscar a los leprosos, debe hallarse infectado y puede traer en sus andrajos el germen del horrible mal. El clamor crece cuando Pietro Bernardone, atraído por el tumulto, ve a su hijo reducido a tan miserable estado. Ciego de furor y de vergüenza lo agarra, lo empuja brutalmente a la casa y, a pesar de las lágrimas y súplicas de madonna Pica, lo cubre de insultos y de golpes y lo arroja encadenado bajo la escalinata de la casa.

Pronto, sin embargo, la compasión de su madre lo libera de semejante tormento. Francisco huye y se refugia en San Damián. En la casa de Dios está seguro.

Pero el padre no cede. Recurre primero a los cónsules y luego al obispo Guido, acusando al hijo de loca prodigalidad y de sustracción de mercancías y de dinero. Francisco no sólo despilfarra los bienes de la familia, sino que además perjudica su reputación de mercader acaudalado y honesto. Es necesario que el obispo le propine una dura lección para hacerlo volver al buen camino, y solicita un juicio del propio obispo, porque es indispensable que la reprensión venga de lo alto para convencer al joven de no dar tan miserable espectáculo de sí a los habitantes de Asís, que lo han conocido brillante, gentil, generoso y excepcional entre todos.

El juicio tiene lugar, de acuerdo con la costumbre, en la plaza pública frente al obispado.

Francisco se presenta tranquilamente ante el obispo Guido. Enfrente se para Pietro Bernardone, torvo y amenazador.

A la orden de restituir a su padre el dinero y la tela sustraída de la bodega, el joven va quitándose rápidamente cada uno de sus vestidos y, arrojándolos a los pies del atónito mercader, exclama con voz gozosa mientras se le enciende el rostro:

–Toma también éstos; son tuyos, te los devuelvo.

Y se queda así, desnudo, para vestir tan sólo y para siempre el sayal que le ofrece su dulcísima y bellísima esposa, madonna Pobreza.

Es una renuncia maravillosa e inaudita que deja pasmado al pueblo. ¿Cómo no tener por loco al rico que desdeña las propias riquezas para hacerse semejante al pordiosero condenado a arrastrar sus miserables andrajos por el lodo de las calles?

También la amiga fiel, al llevar a Clara la sorprendente noticia de tan inverosímil renuncia, se atreve a comentar que verdaderamente al hijo de madonna Pica se le ha trastornado el seso.

Clara sonríe.

No. El hijo de madonna Pica no está loco.

Y en su corazón dice con firme voluntad: quiero conocer a Francisco.

Se encuentra en la primavera de su vida: dieciséis años.

Capítulo IV

El Esposo del alma

Clara se va haciendo cada día más bella. La oración constante, la continua unión espiritual con Cristo y la pureza cristalina de su alma que no opaca ningún pecado, dan una estupenda luminosidad a su mirada y a su sonrisa.

Transcurre gran parte de la noche ante el Crucifijo, absorta en un éxtasis de paraíso. No siente frío ni sueño; apunta en ella una resplandeciente aurora de sacrificio y de renunciación que pronto se tornará en el más luminoso medio día.

Su corazón arde de caridad y de amor. Su voz es queda y dulce, sus límpidos ojos tienen una mirada celestial. Sus familiares la consideran un don admirable para gloria de su linaje y ya la contemplan vestida de novia, radiante de joyas y de belleza; mas ella es un don del cielo y su Esposo le pondrá su anillo vestida de paño burdo y con un cordón en la cintura.

Clara quiere mucho a sus hermanas y amigas y con ellas pasa largas horas sentada junto a la rueca o al telar, conversando de las cosas de Dios.

"Cuando se hallaba sentada con los de casa, declara messer Ranieri di Leonardo, siempre quería hablar de las cosas de Dios". Y habla de ellas con tanta reverencia y con tan discreta alegría que las hermanas y amigas, que la seguirán en el camino de la penitencia, la escuchan azoradas y conmovidas.

La belleza de Clara es bien conocida en Asís, aunque muy pocos hayan tenido la fortuna de verla de cerca, dada su vida modesta y escondida. En vano los jóvenes pasan una y otra vez frente a su casa, con la esperanza de atraer su atención con sus serenatas de amor; en vano sus amigas le aconsejan que se asome al balcón para gozar de aquellas músicas y de aquellas canciones que "honestamente podían ser oídas". Ella se niega sonriendo, y las cortinas de su balcón no se abren nunca.

Por su parte los familiares, viéndola tan fresca y primorosa, piensan en el feliz y rico parentesco que la jovencita podrá pronto contraer. Se menciona a un caballero joven y apuesto que se ha enamorado de ella y que con entusiasmo se apresta a peligrosas pruebas de valor para conquistar su atención y su amor. Le presentan esto como una oportunidad única y ella los mira sorprendida sin responder ¿Por qué?

Insisten, tomando aquel silencio como capricho o cortedad; le hacen ver las ventajas, los honores que habrá de hallar uniéndose a un hombre poderoso que la rodearía de fasto y de felicidad... Pero Clara calla siempre. Su boca tan pura no puede responder a la pasión de un hombre, no puede pronunciar un sí definitivo sino a Aquel que está por encima de todo y de todos.

También inútilmente sus compañeras le aconsejan corresponder a los deseos del caballero que suspira honestamente por ella; nunca hubo creatura más dulce que Clara ni más firme en la decisión tomada. A esta firmeza deberá ella la victoria contra las luchas presentes y futuras: nunca bajará su frente a imposición alguna de grandes o plebeyos que pueda menoscabar su santo privilegio de pobreza absoluta.

Messer Ranieri di Bernardo de Asís, décimo octavo testigo en el proceso de canonización de la santa, de la cual era amigo y pariente, reveló cómo: "siendo bella de rostro, se buscaba darle marido; por lo que muchos de sus parientes le suplicaban que consintiera en casarse; pero ella no quiso consentir. Y habiéndole pedido muchas veces el propio testigo que aceptara esto, ella no quería ni siquiera oírlo; antes ella le predicaba a él el desprecio del mundo".

Escribe además Tommaso da Celano, su biógrafo: "Queriendo el padre y la madre casarla noblemente, por nada consintió ella, sino que simulando querer que pasara un poco de tiempo, ofrendaba su virginidad a Dios".

Es pues inconmovible el propósito de Clara de consagrar su virginidad a Jesucristo. Pero los padres, los parientes y las amigas no logran convencerse de tal negativa, como quiera que la boda del más acaudalado señor de Asís habría sido orgullo y lustre de la ciudad.

Y entre sí se preguntan, ansiosos y perplejos, si en el corazón de Clara no se oculta algún secreto.

Sí, hay verdaderamente un secreto en el dulce corazón de la predestinada; pero los labios virginales lo guardan sellado, como sellado guarda el nombre del Esposo a quien ya se ha entregado.

Ahora su atención se ha orientado hacia las empresas de Francisco. Cuando llega a saber que éste, despojándose de toda riqueza y vistiéndose con un raído sayal de peregrino, con el cordón de la humildad y de la penitencia en la cintura, y sin bastón ni calzado se ha encaminado a Roma, cantando las alabanzas de madonna Pobreza, Clara se inflama en seráfico ardor, y sus preciosos vestidos de patricia y sus resplandecientes collares le torturan la carne más que el áspero cilicio ocultado a su madre y a sus sirvientes con celosísimo cuidado.

Se hace por lo tanto indispensable que ella se acerque a Francisco para iniciar un nuevo camino. ¿Cuál? No lo sabe todavía con certeza: seguramente una vía de renuncia, de oración y de meditación, lejos de esa sociedad en la que vive y que rehúye. Es esto lo que le pide el corazón. Pero es menester hablar con el hijo de Pietro Bernardone para obtener de él luz y consejo y acercarse cada vez más a Cristo redentor y vivir de El y para El.

Es tan alto y profundo este santo deseo que un día ella se abre a su fidelísima amiga Bona di Guelfuccio. Tiene necesidad de ayuda para acercarse a aquél a quien el mundo considera loco, mientras sus generosas empresas le han incendiado el alma con el fuego de la verdad.

Por cierto ignora ella que a su vez Francisco quiere conocerla. Hasta él ha llegado el renombre de modestia, de virtud y de piedad de que goza la hija de messer Favarone y de madonna Ortolana y ya, tal vez, le surge en el alma la certidumbre de haber encontrado una compañera que secunde su alto ideal de caridad y, más aún, que sea la encarnación en la tierra de aquella que, descendida de la cruz de Cristo, se ha convertido en su esposa: madonna Pobreza.

En el año de 1209 Francisco ha regresado de Roma con la aprobación pontificia de la Regla de los Frailes Menores y el obispo Guido, que siempre lo ha estimado y protegido, le confía la predicación cuaresmal en la Iglesia de San Jorge.

Con grandísima alegría y con profunda compunción, Clara acude acompañada de su madre y de sus compañeras. Es una revelación estupenda. La elocuencia del Pobrecillo, semejante a una llama, lo ilumina y lo enciende todo. Predica él la penitencia, la caridad, el desprecio de las caducas cosas mundanas no sólo con la voz, con la mirada y con el gesto, sino con la vibración de toda su grácil persona, cubierta por la burda túnica de sayal, transfigurada por el inextinguible amor a Cristo que le arde por dentro.

La multitud lo escucha, arrobada y extasiada. No. Francisco ya no es el hijo loco de Pietro Bernardone, objeto de escarnio del pueblo que lo ha cubierto de fango, desprecio e improperios. No. El se halla ahora iluminado, el apóstol a quien ya algunos compañeros de placer han seguido descalzándose, renunciando a todas sus riquezas y distribuyéndolas entre los pobres por amor a Cristo.

Si la palabra del Seráfico fascina a las multitudes, ¿qué no hará en el alma de Clara, ya inundada de tantas verdades celestiales y decidida a seguir las huellas del Pobrecillo en el desprecio del mundo y por la eterna gloria de Dios?

Sale de la Iglesia resuelta a encontrarse con fray Francisco y abrirle de par en par su propio corazón. Y es Bona di Guelfuccio quien, bajo el impulso de la gracia, consiente en favorecer el encuentro entre los dos santos hijos de Asís.

Encuentro admirable.

El frailecito macerado por la penitencia, los ayunos y el largo y fatigoso andar por los caminos de su tierra, hablando de Dios y bendiciendo todas las cosas creadas, ve ante sí vestida de modestia, ardiendo en fe y sedienta de verdad, a la más hermosa patricia de Asís engalanada con joyas, la cual le pide ardientemente que le hable de Dios, y que la ayude a alejarse del mundo para ofrecerse toda entera a su Esposo y Señor Jesucristo.

Sí. También ella quiere descalzarse y seguirlo en la pobreza como Egidio, Silvestre, Rufino...

Francisco escucha y se regocija.

En esa esbelta y gentil mujer joven y rica él descubre a aquella que lo seguirá en su ideal, que lo seguirá en su vida, que encarnará las formas de madonna Pobreza.

¿O no será ella misma, madonna Povertà?

Las conversaciones entre Clara y Francisco duran más de un año y las presencia fray Felipe, aquél cuyos labios, como los de Isaías, fueron purificados por un carbón ardiente. También él se exalta hablando de Dios con Clara.

La gran resolución ha sido tomada. No es ajeno a ella el obispo Guido, quien ha dado su consentimiento. Clara dejará su casa y sus queridos familiares para seguir las huellas de Francisco en la humildad, la castidad y la penitencia. Ella se convertirá en la madre casta de una muchedumbre infinita de vírgenes, será la más pujante rama del árbol franciscano y recorrerá una dilatada y áspera vía de renunciación... Pero es el camino que de la tierra conduce a las puertas del paraíso.

La fuga de Clara de la opulenta mansión hacia un mal seguro refugio queda fijada; pero Bona di Guelfuccio, que ha favorecido esas secretas pláticas, se espanta ahora de la responsabilidad asumida. Ciertamente se le juzgará cómplice de aquel acto impulsivo y peligroso. ¿Qué será de Clara?

La luz se apaga en los ojos de Bona. Demasiado bien conoce a messer Favarone y más todavía a messer Monaldo, el terrible y violento tío de Clara, para no temer su ira si se llega a descubrir su presumible complicidad en la fuga de la joven. El miedo la vence. Con el pretexto de ganar la indulgencia de cuaresma en Roma, se aleja de Asís porque bien sabe lo que sucederá precisamente en esa cuaresma. Está aterrada.

Pero al alejarse Bona de Clara, le queda a ésta Pacífica di Guelfuccio, la que le será fidelísima por toda la vida y que "por la mayor parte del día y de la noche la servirá".

La gran resolución está tomada. Clara, que tanto ha despreciado las nupcias terrenas, celebrará sus desposorios celestiales con Jesucristo, esposo amado, fin supremo de su vida. Se presentará a él con los brazos llenos de lirios, flores de su pureza, como signo del don de sí misma.

Francisco no cabe de alegría. Ya no estará sólo en la gran obra reformadora porque tendrá a su lado una dulce hermana en la pobreza, una perfecta y fiel discípula, segura guardiana de sus enseñanzas y de su voluntad.

Capítulo V

"Loado seas, mi Señor, por sor Clara"

Marzo de 1211. Domingo de Ramos. Francisco predica en san Rufino, la catedral de Asís. Su palabra suena más inflamada que de costumbre y su voz tiembla de reprimida alegría porque sabe bien qué don preciosísimo está por ofrecer al Señor.

Dicen las *Florecillas,* la más bella si no la más auténtica tradición franciscana:

"Y maravillosamente comenzó a predicar del desprecio del mundo y de la penitencia santa y de la pobreza voluntaria y del deseo del reino de los cielos y de la desnudez de la pasión de nuestro Señor Jesucristo".

Clara ha ido a arrodillarse en su lugar habitual junto al altar, y permanece allí inmóvil en oración, mientras todos los fieles desfilan ordenadamente para recibir del obispo Guido los ramos benditos de olivo. Con la cabeza inclinada y las manos juntas, se prepara al supremo adiós de su familia y del mundo; no siente incertidumbre ni dolor; tan sólo se le estremece un poco al corazón, como se estremece un poco el corazón de la novia que está por subir al altar y atarse indisolublemente mediante una promesa.

De repente una impresión de estupor inmobiliza a la muchedumbre, al ver que el obispo se acerca a Clara para ofrecerle el místico ramo.

Porque el obispo Guido *lo sabe.* Ciertamente no es Francisco quien va a asumir la trascendente decisión de impulsar a una jovencita, desconocedora aún de la vida, por el camino de la penitencia y de la pobreza, sin el consentimiento y la aprobación del superior en quien confía y a quien profesa obediencia; y éste, que conoce a fondo el ánimo y el amor del Pobrecillo, bendice a aquella que será la gloria de Asís y se complace en tributarle públicamente ese honor.

El prodigio sucede al caer de la noche, una límpida noche en la que flota en el aire el precoz perfume de la tibia primavera umbra.

Absorta en su recámara en ferviente oración, Clara espera impaciente y gozosa la hora de su destino. Cuando en la vasta casona se ha apagado todo rumor y los familiares, los camareros y la gente de servicio ya están reposando, sale ella cautamente de la habitación que ha sido testigo de sus horas de penitencia y de insomnio, y la deja sin volver la cabeza, sin melancolía, sin vacilar, porque más luminosa y feliz, más deseada que ninguna otra por su corazón es la vía que está por conducirla hacia fray Francisco.

La mansión está a oscuras, las salas y los corredores silenciosos. Clara no se dirige hacia el portón donde están de guardia arqueros y mastines, sino que se encamina sigilosamente hacia la "puerta de los muertos" que, conforme a la uzansa umbra, se abre tan sólo para el paso de los féretros. En la "puerta de los muertos" están apilados "ciertos troncos pesados y una columna de piedra, cosas que apenas podrían ser removidos por muchos hombres", testificará Cristiana de messer Bernardo da Suppo. Pero Clara no se desanima. Jesucristo, invocado fervorosamente por ella, no puede abandonarla. Sus gentiles y delicadas manos de jovencita no tienen dificultad en hacer a un lado tan pesados obstáculos. Más aún, casi parece que la lúgubre puerta se abre por sí misma.

Por la "puerta de los muertos" es por donde Clara entra en su nueva vida, como símbolo de que para ella el mundo ha quedado verdadera e inexorablemente muerto.

En el palacio duermen todos, todos. Sólo están despiertos los mastines; pero los mastines no ladran.

En ese profundo silencio de primavera únicamente las bellas flores que Clara ha cultivado siempre con amor, saben que en ese momento da comienzo la gloria de la familia de messer Favarone di Offreduccio.

La jovencita entra valerosamente en la oscuridad de la plaza; una sombra se le acerca. Es Pacífica, la fiel amiga que ha llegado puntualmente a la cita. Clara la toma de la mano y caminan juntas.

Asís está desierto; no hay más luz que el palpitar inquieto de las estrellas. La mirada de Clara penetra la oscuridad fijándose en un punto de la llanura, allá abajo, donde en el espesísimo bosque la espera orando Francisco, en la humilde y bienamada iglesia de Santa María de los Angeles.

En silencio y sin temor, la predestinada se encamina por la áspera bajada sin pensar en lo que podrá suceder en la casa cuando se percaten de su fuga. Por primera vez en su joven existencia desafía ella las sombras nocturnas sin otra compañía que la de otra adolescente como ella. Su falda de fino brocado entretejido de plata acaricia al caminar las piedrecitas de la vereda; sus largos cabellos rubios parecen embeberse de viento, presintiendo su cercana suerte.

Las dos compañeras apresuran el paso para llegar al bosque. No temen ni tiemblan; parece que un arcángel las guía alejando de ellas todo peligro, dado que esos lugares son inseguros y que cada tronco puede ocultar una emboscada.

Pero he aquí que de la cerrazón del bosque aparecen Francisco, Felipe y Bernardo. Se acercan a ellas con antorchas encendidas, para que las dos caminantes no se vayan a perder en la oscuridad. A la luz de las antorchas centellean maravillosamente las joyas con que Clara va adornada. Vestida de azul, con la blonda cabellera retenida por una diadema de oro, y con esas piedras preciosas que le brillan en el cuello y en las muñecas, la hija de messer Favarone y de madonna Ortolana parece de verdad la reinecita de la fábula que se encamina hacia su palacio del más puro cristal.

Y ella va, de hecho, hacia el palacio de diamante de madonna Pobreza.

La iglesita de la Porciúncula, tan amada por el corazón de Francisco, es humilde y sin adornos, pero huele a retama, a incienso y a oración. La rodea en un círculo de verdor la selva frondosa poblada de corzos y de petirrojos, esa selva que aparecerá un día como maravilloso brasero a los ojos de los habitantes de Asís, cuando Francisco y Clara compartirán un ágape fraterno hablando de Dios.

El sendero es escabroso pero Clara sonríe, como si en vez de caminar sobre el áspero terreno, en el que despuntan entre la hierba las primeras violetas de primavera, ella se deslizase por las alfombradas salas de su rica morada que nunca volverá a ver.

El altar de la iglesita tiene como único adorno un ramo de flores silvestres ante la milagrosa imagen de la Virgen María. Las ha recogido Francisco para alegrar tanta pobreza. Pero tanta pobreza es la preferida de su corazón, que aquí disfruta de la oración y de la meditación y aquí reúne a los frailes para los pobres ágapes en los que el pan es escaso pero abunda el contento puro de la pobreza.

Con inmensa alegría y fervor se prepara el rito que señala la fundación de la Segunda Orden Franciscana, que poblará con silenciosas clarisas los futuros e innumerables conventos del mundo entero.

En el límpido cielo primaveral la tempestad de estrellas centellea más vivamente y fulgura más agitadamente. Clara entra en la iglesita en donde palpita una pálida llama ante la Virgen María. Algunas antorchas empotradas en el muro iluminan con luz rojiza el lugar santo en el que está por efectuarse el holocausto a Dios de una juventud ansiosa de penitencia y de cielo.

Reina un silencio conmovedor, una incomparable expectación en espera de lo que está por realizarse para el honor y por el amor a Cristo.

Clara se arrodilla ante Francisco. Este, con los ojos luminosos fijos en lo alto, pide a la joven la renuncia a toda dicha terrena y la fuerza para emprender en humildad y obediencia la áspera vía de los más duros sacrificios.

Ella asiente dulcemente y con firmísima voz pronuncia sin vacilar los tres votos de pobreza, castidad y obediencia, que hasta el fin de sus días serán su luminosa guía y que conducirán hacia ella millares y millares de juventudes puras deseosas de seguirla por ese camino de penitencia y de oración que ella ha elegido para llegar a Dios.

Luego inclina la noble cabeza.

A la luz de las antorchas sus sedosos cabellos rubios llenos de sol resplandecen como si fueran de oro. Tiembla un poco la mano de Francisco.

Ella no se da cuenta.

Está toda ella absorta en un sueño de paraíso.

Un seco chirrido de tijeras.

Fray Felipe y fray Bernardo, pálidos, recogen las luminosas trenzas cortadas...

Ahora la noble jovencita, la hija del más acaudalado señor de Asís, la castellana de blancas manos y de vestidos sobre los cuales refulgen las más preciosas joyas, es envuelta en una áspera túnica de sayal; se ciñe la frente con una banda de lino y se cubre su cabeza con un tosco velo negro.

Es la "primogénita plantita" de san Francisco, aquélla para quien el poeta seráfico habrá de componer en su corazón la más dulce estrofa del *"Cántico de las creaturas"*. Estrofa que nunca pronunciarán sus labios mortales ante los hombres, pero que ciertamente le brotó del alma como flor milagrosa, en agradecimiento a quien le permitió confiar a tal discípula su preciosa herencia de pobreza:

> "Loado seas, mi Señor, por sor Clara, la cual es muy dulce, y humilde y preciosa y casta".

Mañana fray Felipe y fray Bernardo distribuirán entre los pobres las ricas vestiduras y las centelleantes joyas de Clara, y a Clara no le quedará de suyo en el mundo más que un cilicio y los purísimos ojos azules llenos de cielo.

Capítulo VI

Ella se escondió en la iglesia y oró velándose

Clara de Asís ha muerto al mundo, porque ha cruzado el umbral de vida abierto a la mansión de Dios.

En la noche primaveral que ha encendido todos los millares de sus astros para iluminar las nupcias de la noble joven vestida de áspero sayal con Cristo redentor enclavado en la cruz, Francisco, Felipe y Bernardo escoltan a Clara por el disparejo camino que conduce a Bastía.

La "Duquesa de los pobres", como será llamada Clara, ya no tiene ni casa ni pan, ella que hasta hace poco poseía tierras y castillos. Es preciso que su dulce padre y maestro la provea de un refugio –él que no conoce refugio–, para ponerla a salvo de la ira y la violencia de sus familiares, que no dejarán de buscar afanosamente a la fugitiva, usando de su autoridad para reconducirla a Asís.

El monasterio de San Pablo en Bastía se asienta donde los ríos Tescio y Chiascio entrelazan sus aguas azulosas. En derredor uno que otro ciprés que en la oscuridad de la noche es negro en lo negro. Las monjas benedictinas, a petición de Francisco, han aceptado acoger a su primera neófita.

Son cuatro los kilómetros que hay que recorrer para llegar a Bastía. Es la primera vez que los piececitos desnudos de Clara enfrentan la aspereza del terreno. Sufre, es verdad; pero sufre sonriendo, feliz de ese inicio de un sufrimiento que querrá padecer toda su vida.

No levanta una mirada a la ciudad que vela en la sombra, allá en la falda del monte Subasio, siempre pronta a los sacudimientos y a las armas. Entre ella y el pasado se ha abierto un abismo.

Pero tal vez, como en un fugaz sueño, entrevé a sus hermanas que duermen en camas gemelas, ajenas a lo que ha sucedido en la vida de Clara; entrevé a su madre sumida en su tranquilo y despreocupado reposo, y su corazón siente un latido de la más viva ternura por sus amados familiares lejanos. Tal vez, también cruza por ella un rayo de presentimiento.

No los abandona. Si bien ella no regresará a ellas, ellas vendrán a ella una a una para unirse en la misma plegaria, para iluminarse con la misma luz.

Los tres frailes y las dos jovencitas marchan en silencio. Pacífica regresará a Asís, escoltada por los tres hermanos, una vez que Clara se encierre en el monasterio de san Pablo.

Las hermanas benedictinas acogen con benignidad a la pobrecilla envuelta en una burda túnica ceñida por un vil cordón, pero la miran un tanto extrañadas, porque para ellas es nueva también esta inaudita forma de renuncia a toda comodidad. Visten ellas un hábito decoroso, llevan tocas cándidas y duermen en confortables celdas, y no pueden entender toda la estupenda donación de una creatura que no quiere poseer ya nada sobre esta tierra, porque sólo así puede acercarse a la desnudez de Cristo muerto por nosotros en la cruz.

En la puerta del monasterio Clara se arrodilla para que su maestro la bendiga antes de despedirse. Luego la puerta se cierra silenciosamente, como silenciosamente desciende la losa sepulcral sobre la cóncava piedra.

Solamente un sollozo, el de Pacífica di Guelfuccio en lucha interior entre la admiración y la piedad.

Clara es acompañada a la celda que se le ha asignado; celda sencilla con una cama, una silla y un crucifijo. Pero para ella que se ha revestido con el hábito de madonna Povertà es todavía demasiado; le basta la tierra desnuda para su primera noche de tonsurada. Se arrodilla y se abisma en la oración; tiembla una vez más de mal contenida felicidad por lo que ha hecho y en un éxtasis milagroso se lanza con toda su alma hacia el Esposo que se ha dignado desposarla para prepararla al reino de los cielos; luego la juventud vence a la voluntad y dulcemente cierra los ojos al sueño y a sus ensueños.

Pero si Clara duerme con tranquilidad casi infantil, las religiosas benedictinas están inquietas en sus celdas. Saben que Clara ha huido de su opulenta mansión para descender ocultamente a la iglesita de la Porciúncula donde el Pobrecillo le ha impuesto el sayal.

¿Qué sucederá? ¿Será posible que sus padres soporten en paz la afrenta hecha a la familia y no traten de buscar el escondite de Clara? Y si llegaran hasta el monasterio de San Pablo, ¿qué podrán ellas responder?

Es cierto. La familia no puede soportar en paz la fuga de Clara. Apenas la camarera da la alarma cuando, al entrar en la recámara de su señora, encuentra la habitación desierta y la cama intacta, y el arquero descubre abierta la puerta de los muertos y removidos los pesadísimos obstáculos que la bloqueaban, todos los familiares saltan enfurecidos.

Clara ha huido de noche como una ladrona, manchando con una locura el honor de la familia, y la familia toda lo resiente profundamente.

Puesto que "en casa del padre era tenida por todos como honesta y santa" –testifica en el proceso de canonización sor Cristina di messer Bernardo da Suppo–, ninguna duda surge en torno a su pureza adamantina; pero de inmediato se piensa que se haya ido tras el "loco de Asís", que arrastra tras de sí a los jóvenes más ricos y brillantes de la ciudad. Bernardo, Egidio y Pietro Cattaneo han distribuido a los menesterosos todos sus haberes, se han revestido de penitencia y ya no tienen ni casa ni pan.

Es una locura colectiva que puede haber atraído también la ignara inocencia de Clara. Lo piensa la madre que llora, lo piensa el padre turbado, lo piensa el tío messer Monaldo quien, ciego de furor y a la cabeza de los caballeros de la casa y de buen número de hombres armados, se precipita al galope en busca de la jovencita.

¿Quién podrá saber dónde se ha ido? Tal vez Pacífica di Guelfuccio, descubierta como cómplice de la fuga, habrá dado señas del monasterio de San Pablo, confiada en que nadie podrá desafiar la excomunión lanzada contra quien indebidamente pone pie en un lugar sagrado. Pero esos furibundos nada respetan, se ríen de toda excomunión. Clara debe regresar a su casa y recuperar el puesto al que le dan derecho su fortuna y nobleza. A toda costa debe regresar. Y Clara, que bien conoce "el derecho de asilo" adquirido por quien se refugia en un templo en donde no le pueden hacer violencia alguna, escucha sin temor el anuncio de las monjas aterrorizadas que le advierten que un buen número de gente armada se encuentra a la puerta del monasterio exigiendo prepotentemente su entrega.

Sin parpadear, con la tranquilidad que le da la certeza de hallarse defendida por Dios, la jovencita entra en el templo y allí se enfrenta a la ira y a las amenazas del furibundo Monaldo.

¿Regresar a casa? No. ¿Quitarse el pobre sayal para ella más precioso que el manto de una emperatriz? No. ¿Renegar de la promesa pronunciada ante el pequeño altar de la Porciúncula? No.

Por Francisco ella ha sido consagrada ya como esposa de Cristo y de Cristo no se separará nunca jamás.

Pueden matarla; persuadirla es imposible.

En sus límpidos ojos azules irradia una luz de indomable voluntad.

Conteniendo a malas penas la ira hirviente que está por desbordarse, messer Monaldo y sus caballeros pasan de las amenazas a los halagos.

Si todo ha sido una locura, un capricho, una exaltación momentánea debida a la fanática predicación de Francisco, la perdonarán. Que salga Clara. En casa su madre y sus hermanas la llaman llorando; la esperan las comodidades, la felicidad, las amigas nobles. Con cualquier pretexto razonable se sabrá hacer callar la voz corrida por Asís acerca de su fuga nocturna, cuyo ridículo y escándalo arrojan una mancha sobre el nombre honorable de la familia.

Que se quite pues esa miserable túnica y que de su cintura, habituada a adornarse con resplandecientes ceñidores, se quite ese abominable cordón; que libere sus cabellos de oro de ese áspero paño negro y que vuelva a ser la gallarda jovencita noble, fúlgida de joyas, que los más valientes caballeros de la ciudad y de sus alrededores están dispuestos a disputarse a golpes de espada y de lanza.

Clara escucha y no es capaz de responder más que con una sola e irreductible palabra: no.

Ignoran ellos que bajo aquel sayal y bajo el cordón hay un áspero cilicio oculto en otro tiempo por las ricas vestiduras de seda y terciopelo bordado en oro; ignoran que sus finísimos cabellos blondos han caído en una noche estrellada a los pies de la Virgen María bajo las tijeras de Francisco.

–No.

Contra la obstinada y firmísima negativa, irrumpe de nuevo y más feroz el bestial furor de los caballeros. Olvidando que se encuentra en una iglesia, messer Monaldo hace una seña a los suyos para que se precipiten sobre Clara y la atrapen por sorpresa; pero ella salta de improviso junto al altar y se cubre con el mantel, como si esta fragilísima tela pudiera servirle de escudo.

¡Vana esperanza! El furor de aquellos arrebatados no se aplaca. Desafiando la excomunión lanzada por el papa Inocencio III con bula de 1198 contra quien hiciere violencia a las personas que se hallan bajo la jurisdicción eclesiástica, Monaldo y los suyos están por arrebatarla sacrílegamente del altar en el que Clara se ha refugiado. Entonces la tonsurada recurre al último argumento. Con gesto rápido se arranca de la cabeza el burdo velo y el hecho consumado aparece en toda la más irrefutable realidad. Su cabecita rubia está rapada como la de un pollito recién nacido. El oro de sus cabellos se quedó allá abajo en la Porciúncula.

Ahora ha vencido de verdad.

Sus perseguidores quedan fulminados por la revelación. Y van desfilando mudos, ceñudos, convencidos de que nada podrá remover a Clara de su propósito. Si eso es demencia, no la ha habido mayor en el mundo.

Las monjas benedictinas, estupefactas y edificadas por cuanto ha sucedido contemplan con inquieta admiración los pies descalzos y el humilde y raído sayal de Clara. Muchas de ellas provienen de las altas clases sociales, su Orden es rica y se conquistan igualmente el cielo con la oración y la meditación. ¿Por qué entonces la gentil y acaudalada noble de Asís se ha hecho tan humilde, tan pobre entre los pobres?

Capítulo VII

Hermanas en pobreza

Pasan algunos días.

Francisco se ha enterado del asalto dado por los familiares de Clara al monasterio de Bastía para llevarse por viva fuerza a la indefensa jovencita y se intranquiliza. Quizá el lugar no es lo suficientemente seguro y las benedictinas no se sienten tranquilas por esa peligrosa huésped que en cualquier momento puede ponerlas en graves problemas. Conviene por lo tanto encontrar un asilo más adecuado para Clara.

Hay en la ladera del monte Subasio un monasterio silencioso, escondido entre olivos, en donde otras benedictinas transcurren en paz su existencia silenciosa de oración. Conocen y veneran a Francisco, y sin duda sabrán custodiar a la hija amadísima que él ha confiado a madonna Pobreza. Francisco, Felipe y Bernardo conducen a Clara hacia ese refugio más aislado. Están tranquilos. Saben que en adelante la preciosa presa robada para Jesucristo ya se ha entregado a Jesucristo y que jamás se le escapará. Todas las tentativas de los familiares han fracasado. Ya Clara podrá recorrer tranquilamente su propio camino.

En la esplendidez cristalina de aquella aurora de abril los cuatro caminantes parten del monasterio de

Bastía para llegar a Sant'Angelo di Panzo, el nuevo refugio de Clara. Las monjas de San Pablo, liberadas de tanta inquietud, se despiden con efusión de la pobrecilla de Dios. Ella les agradece con humildad cuanto le han dado y se encamina sonriente tras el hermano Francisco.

Esa pureza de cielo, ese agitarse de las frondas nuevas al soplo de una brisa ligera, ese esfumarse de levísimas nieblas allá, tras las alturas que enmarcan el lago Trasimeno, esa tenue fragancia de hierbas y de flores que se eleva de los campos y de los prados aún cubiertos de rocío, llenan el corazón de los siervos de Dios con una indecible alegría.

¿No se sentían acaso felices y contentos cuando, engalanados con preciosas vestiduras centelleantes de bordados, recorrían las calles de Asís entonando canciones de armas y de amor al son de cítaras y de violas? Ahora todo en ellos y en torno a ellos es luz. Las míseras túnicas de burdo sayal son para ellos más esplendorosas que los mantos imperiales; los pies desnudos huellan el duro terreno con gozosa humildad; las severas tonsuras son más preciosas que diademas, porque llevan a Dios en el corazón y allí escuchan la voz divina...

El sol asciende en el cielo como una desmesurada hostia de fuego; los bosques están llenos de petirrojos; en los setos florecen las últimas violetas.

El camino es largo pero Clara no se da cuenta, porque Francisco habla del Creador y de las cosas creadas con tan encendido amor, que al oírlo el alma se pierde en un éxtasis maravilloso.

A lo mejor están en ayunas y no sienten el hambre.

A lo mejor están cansados y no sienten el cansancio.

Tienen la sensación que tras ellos camine una turba infinita de "hombres de Dios" y de "pobres damas" que siguen hasta la eternidad sus huellas. Ese frailecito de tez bronceada por el viento y el sol, esa novicia que lleva el paraíso en los ojos, se hallan verdaderamente a la cabeza de una innumerable y bendita multitud de creaturas de Dios que los seguirán a través de los siglos en obediencia y humildad, repitiendo a los pueblos, como saludo propiciatorio y de buen augurio, el dulce grito del desconocido pregonero de Francisco: *Pax et bonum:* Paz y bien.

Llegan un tanto fatigados al monasterio de Sant'Angelo di Panzo en donde Clara es acogida con efusión por las monjas a las que Francisco la confía para que la custodien y la vigilen con todo cuidado. Aquí encontrará ella ciertamente mayor soledad y mayor paz para dedicarse toda entera a la meditación, a la penitencia y a la oración. El monasterio es tranquilo y es agradable realizar un lindo sueño que Dios ciertamente cambiará en realidad.

Mientras ella se abandona a la más fervorosa oración, en la opulenta casa paterna de Asís, en la que se siente profundamente la ausencia de su sonrisa y de su gracia, y en donde la madre iluminada por Dios y sostenida por una estupenda esperanza de reunión definitiva, Inés, la pequeña Inés que no puede vivir separada de Clara, se ingenia de tal manera que consigue descubrir el refugio de la hermana.

Hace dieciséis días que Clara bajó a la Porciúncula y ya Inés no puede con su pena.

Quizá las agitadas conversaciones de los caballeros encabezados por el tío Monaldo, que ha debido abandonar su presa y tiembla de ira mal reprimida, le han encendido más la sangre en las venas, inflamando su nuevo propósito.

También ella, eludiendo la vigilancia de los familiares y de los criados, sale cautelosamente de su hermosa mansión para llegarse al monasterio de Sant'Angelo di Panzo donde se ha recluido su hermana. La plaza está desierta; suenan las campanas de San Rufino como acompañándola en su rápida fuga. Tal vez la ve algún pastor bajando por la cuesta; tal vez alguna mujer que desciende por la vereda la reconoce y la saluda con visible estupor; pero a Inés nada le preocupa. Su mente está allá arriba en donde se destaca la blancura del monasterio, donde Clara no la espera.

Clara sin embargo la acoge con su serena y tranquila sonrisa, porque el Señor ha escuchado su más ardiente plegaria, enviándole la hermana casi niña para alejarla de las vanidades y peligros del mundo.

El encuentro es un encuentro de gozo celestial. Con el máximo fervor Inés le pide retenerla consigo, hacerla revestirse también ella con el sayal de la penitencia, descalzándose y tonsurándose como ella fue tonsurada y descalzada por las manos de fray Francisco.

En los ojos de Clara se enciende una luz nueva. Con su hermana predilecta el camino se le hará más leve y más fácil su misión. Conoce el buen temple de Inés, recia como ella en la decisión tomada.

Por las venas de ambas corre una misma sangre preclara; sangre de una estirpe que siempre ha hecho de una promesa un juramento, que ha llevado siempre en alto el propio nombre y el propio prestigio, que siempre ha servido con fidelidad el honor de las armas y la nobleza de una tradición secular. Tales virtudes de rectitud y de energía de su linaje serán puestas por Clara y por Inés al servicio de Dios.

Esta segunda fuga, descubierta de inmediato, enciende en el más terrible furor a los familiares de las dos hermanas.

Para ellos Clara está perdida sin remedio, pero no debe llevarse también a Inés, esa jovencita inmadura sobre la cual se fincan las ambiciosas esperanzas de la parentela y del poder de los orgullosos caballeros de la familia de messer Favarone.

Hay que recuperarla a toda costa. Y para recuperar a una niña se arman doce hombres, que se precipitan al monasterio de Sant'Angelo di Panzo llamando a grandes voces a Clara y a Inés.

Se presentan las dos, un poco pálidas pero seguras. Un corazón sostiene al otro.

Con gesto iracundo messer Monaldo impone a una que lo siga, a la otra que la deje seguirlo. Pero Inés se abraza desesperadamente a Clara, respondiendo con firmeza que no se separará nunca de ella, porque con ella quiere proseguir el camino que conduce a Jesucristo.

La respuesta atiza cada vez más la rabia de los caballeros. Inés no ha recibido el velo, y por consiguiente empleando con ella la violencia no se comete ningún sacrilegio ni existe alguna ley que castigue ese acto bestial. Una mano rapaz se abate sobre ella y la agarra por los cabellos arrancándola a viva fuerza de los brazos de Clara; otros brutos se encarnizan propinándole puntapiés y puñetazos, arrastrándola sendero abajo, mientras con una vocecita grita a Clara:

–¡Ayúdame, hermana, ayúdame! ¡No permitas que yo sea arrebatada a Cristo!

Aterrada pero llena de confianza en Dios, Clara cae de rodillas suplicando intensamente al Señor que salve a la jovencita de las manos de esos barbajanes que la arrastran sobre la tierra erizada de piedras que van desgarrando sus vestidos y se van dorando con manojos de sus cabellos.

Y mientras la plegaria de la hermana mayor asciende más allá de esas leves nubes que se deslizan por el azul del cielo, y comienza Inés a perder toda posibilidad de resistencia al verse golpeada, herida y sangrante, de repente su frágil cuerpo de adolescente se torna tan pesado, que la fuerza de aquella docena de hombres es incapaz de moverlo y de levantarlo del suelo.

Llaman en su ayuda a algunos labradores que aran los campos vecinos pero ni siquiera con semejante refuerzo consiguen moverla un palmo.

Ante semejante prodigio el temor invade a los soldados.

Alguno sin embargo se atreve a bromear.

–¡Esta debe haber comido plomo para pesar tanto!

Quien no bromea es el caballero Monaldo. Cegado por la ira ante aquella señal cierta de que también Inés está perdida, levanta el brazo para descargarle en la cara un formidable puñetazo; pero un dolor atroz le paraliza de repente la mano, que por mucho tiempo le dolerá y de la que no podrá ya servirse para empuñar las armas ni para domar sus potros predilectos.

En unos instantes llega Clara quien, consciente del milagro, suplica que se desistan de tanta crueldad y que la dejen cuidar de Inés. La pobrecilla pierde sangre a través de las innumerables heridas y queda inmóvil y lívida por los golpes recibidos.

Jadeante y desbordando dolor y rabia, Monaldo ordena a los caballeros que suelten la presa y lo sigan. Sin volver la cara toma el camino de Asís, atormentado por la furia y humillado por no haber podido dominar a una niña quinceañera. Su orgullosa ceguera le impide comprender que quien lo ha vencido no es una frágil creatura, sino la voluntad misma de Dios, que quiere para sí a la joven Inés como quiso para sí a Clara.

Apenas la gente armada ha desaparecido, Clara prodiga sus atenciones a la hermanita exánime. Esta se rehace de repente y se levanta del suelo alegre y sonriente sin mostrar ningún sufrimiento por los golpes recibidos. Está radiante y feliz. En adelante nadie podrá separarla de Clara; ha sufrido por Jesús y Jesús la recompensará llamándola al desposorio celestial.

Con el corazón rebosante de gratitud y de fe, las dos hermanas regresan al claustro y de rodillas ante el altar dan gracias a Dios.

Pronto corre por Asís la voz de lo acontecido. Apenas se entera, Francisco acude a Sant'Angelo di Panzo con algunos hermanos. Y allí, para hacer resplandecer con mayor fulgor la victoria de Cristo y asegurar la suerte de Inés, le impone también a ella el velo, con indecible gozo de Clara. Y con acrecentado fervor se dedica a instruir a las dos hermanas en la ley de Dios, ley de perfección y de amor.

El palacio, del que Clara e Inés han emigrado como golondrinas hacia un cielo más puro, se torna más silencioso y triste. Sólo la piadosa madre, madonna Ortolana, al pensar en las dos hijas siervas del Señor, siente surgir en su alma la aurora de aquella gran luz que la acogerá también a ella cuando suene la hora.

Y sonríe a Beatriz, la benjamina, que duerme en sus brazos.

Capítulo VIII

San Damián

El monasterio de Sant'Angelo di Panzo, aunque solitario y tranquilo, no puede ser el asilo definitivo de Clara. Se hace necesario, al comienzo de su nueva vida, un lugar más apartado y protegido donde ella, con las compañeras que vendrán a unírsele, puede dar fundamento y principio a la obra admirable que a partir de ella producirá celestiales frutos de virtud ejemplar.

No hace falta que Clara se lo comunique a Francisco. Este, con la amorosa y paterna solicitud que profesa por la hija primogénita de madonna Pobreza, ya ha provisto y obtenido la licencia del obispo Guido, y en un claro día de sol conduce a las dos hermanas a San Damián.

Ningún otro lugar fue más querido por Francisco que la humilde iglesita que él mismo quiso restaurar con sus propias manos, y en la cual oyó la voz de Dios que lo llamaba a una vida nueva.

El convento se esconde entre los olivos frente a la vasta llanura umbra, envuelto por el sol como en un manto de oro, por el canto de las aguas que se deslizan en derredor, por los setos floridos de piracanto y por los cipreses que recortan sus puntas en la pureza azul del cielo.

Lugar de paz en donde las damianitas podrán darse de lleno a la oración y al trabajo por amor a madonna Pobreza.

Al entrar en la humilde morada que la acogerá por más de cuarenta años, el corazón de Clara late apresurado con el gozo más profundo. Sí. Ahora saborea toda la inefable alegría de vivir solamente en Jesucristo, de sufrir con él y para él el martirio de su divina pasión, de expiar con él todo el mal de la humanidad pecadora.

Y la primera noche, cuando en la celdecita yacen Clara e Inés sobre colchones de ramas de vid, cercanas la una a la otra como dormían en sus camas cubiertas con seda de color escarlata, parecería que bajasen los ángeles a sonreírles en sus sueños de cielo.

Poco tiempo están solas Clara e Inés en la primaveral clausura de San Damián. Las dulces amigas y parientes que ellas han dejado en Asís se sienten inflamadas por un fuego maravilloso, de incomparable fervor. Y despreciando fastos, honores, juventud y elegancia, y afrontando luchas y dificultades, quieren seguir en la clausura y en la pobreza a la amable hija de messer Favarone y de madonna Ortolana.

La primera de ellas es la que acompañó a Clara a la Porciúncula en aquella noche estrellada, vio caer sus magníficas trenzas doradas y la ayudó a quitarse su vestido azul de seda bordada de plata, para revestirse con la burda túnica de sayal, ceñida por el cordón de la penitencia.

Es Pacífica, la hija de messer Guelfuccio, amada y asediada por los jóvenes caballeros de su tierra. Atraída por la admirable virtud de Clara, tras poco tiempo se refugia en la sombra protectora de San Damián.

Tras Pacífica llega Benvenuta, luego Balvina di Martino y Filippa, hija de Leonardo di Gislerio, deseosas también ellas de ofrecer a Dios la flor virginal de su juventud.

San Damián parece ahora un nido de palomas. Jovencitas que no llegan a los veinte años, que se maceran en la penitencia y se abisman en la oración. Flota en el monasterio un sano y sutil perfume de flores en botón. Bulle fervoroso el trabajo. Con cariño van arreglando su pobre morada, esmerándose en limpiarla y en embellecer la iglesita con los frescos y blanquísimos manteles hilados y tejidos por sus manos.

El pavimento está agrietado por todas partes, las bancas son toscas, las ventanitas estrechas... No importa. Esta extrema pobreza puede ser también bella, y además respira tanta alegría. Francisco las conforta y las anima con su presencia; de vez en cuando se les presenta de improviso acompañado por sus frailes para aconsejarlas, amonestarlas e instruirlas en la eterna verdad de Dios y guiarlas en el camino emprendido.

La tierra de Asís prepara el más grande milagro que creaturas humanas pueden realizar en el nombre del Señor. Nadie ha renunciado con tanto gozo a toda comodidad terrena para darse a una vida tan dura de penitencia, de tan incesante plegaria. El refugio de San Damián es pobre y desnudo; pero en torno se hallan los olivos que cantan las alabanzas del hermano viento y las golondrinas que preparan sus nidos bajo los humildes aleros besados por el sol.

Clara exulta por ese tranquilo refugio. Es como lo ha soñado. Un haz de sarmientos flexibles y nudosos por lecho, un oratorio de pavimento agrietado y toscas bancas en donde cada amanecer y cada crepúsculo la sorprende en oración; un refectorio semioscuro de amplias bóvedas y sobre cuyas vastas mesas falta a veces el pan.

Es aquí, en San Damián, en donde Francisco oyó la voz de Jesús; es aquí donde él trabajó con sus propias manos prometiendo, a quienes le llevaban las piedras, recompensa y bendición: "Quien me dé una piedra tendrá una recompensa, quien me dé dos piedras tendrá dos recompensas, quien me dé tres piedras tendrá tres recompensas".

¿Qué otro lugar puede ser más adecuado para la clausura de Santa Clara?

La piedra angular de la segunda Orden franciscana se afirma con la institución de las "Pobres Damas". Damas, es decir nobilísimas porque dice Francisco: "La Pobreza pisotea todo con sus pies; ella por lo tanto es reina de todo".

Nada tienen las damianitas y todo lo poseen porque no hay riqueza mayor que la gracia de Dios.

El número de las jóvenes sigue aumentando. Atraídas por la fama de santidad que Clara irradia en torno suyo, llaman a la puerta de San Damián deseosas tan sólo de ser acogidas por la dulcísima madre.

Ingresan damianitas de bellos nombres augurales: Illuminata, Benvenuta, Angeluccia, Cristiana, Lucia, Benedetta, Beatrice...

Capítulo IX

La abadesa de San Damián

No sin razón piensa Francisco que toda comunidad deba tener una guía autorizada, y esta guía de las damianitas no puede ser más que Clara, primogénita de su obra. Cuenta ella ahora apenas veintidós años, pero la penitencia y los ayunos ya han hecho un tanto pálido y afinado su fresco rostro juvenil. Con todo, aun con la burda túnica, el burdo celo y descalza, conserva su instintivo porte de dama y quizá, sin percatarse de ello, conserva el gesto y la sonrisa de aquellos por cuyas venas corre una ancestral sangre noble. ¿Quién, pues, no podría o no querría obedecerla?

Ante la proposición de Francisco, de que asuma ella el título y la responsabilidad de abadesa, Clara está confundida y se rehúsa, temblando de humildad.

No, no. Quien ha rehuido los honores mundanales y se ha encerrado en un pobrísimo monasterio para esconderse como cosa vil no puede quedar al mando, no puede convertirse en autoridad. Ella quiere servir, servir a sus humildes hermanas, ser la última de ellas, la esclava de las esclavas de Dios.

De nada valen las instancias de las damianitas para removerla de su rechazo; ella les suplica que no insistan, que no la consideren capaz de un cargo para el cual se siente indigna. Es menester que Francisco la obligue, en virtud de obediencia, a aceptar "el gobierno de las Damas". "Y entonces, escribe Tommaso da Celano, ella abrió su corazón al temor más que a la soberbia, pareciéndole que aceptaba no su libertad sino su esclavitud".

Con verdadero temor y casi con pavor asume Clara la carga que se le impone. Humildemente pide a Francisco que le trace el camino y él le dicta: "La abadesa ejercerá el poder y la firmeza requerida por su cargo consciente de que deberá dar cuenta de él ante el tribunal del Juez supremo. Se esmerará por ser la primera en virtud mucho más que en la dignidad, para que su ejemplo excite a las hermanas a obedecerla más por amor que por temor. Consolará a las hermanas en su tristeza y será para ellas el último refugio en sus angustias y tribulaciones".

Clara entra inmediatamente en el espíritu de esta "fórmula de vida". Era humilde y se hace más humilde, era la hermana y se convierte ahora en la madre amorosísima de las damianitas, en la custodia vigilante y la bendita sanadora de las enfermas.

Cambia solícita su propia túnica por la túnica más gastada de una hermana y antes de partir su propio pan se asegura de que las novicias más jóvenes tengan lo suficiente para vencer el hambre. Si el pan es escaso o falta, ella ayuna sonriente.

Las lívidas luces del alba invernal que penetran por la ventanilla del gélido coro, encuentran a las damianitas en oración; pero mucho antes que ellas ya Clara ha hablado con Dios, sola, postrada sobre las ásperas piedras del pavimento, sin sentir el temible frío del que no la defiende su pobre manto raído.

Los rezos son la forma usual de hablar, dado que la severísima regla de vida impone el silencio más absoluto desde la hora de completas, antes de acostarse, hasta la de tercia (hacia las nueve) en la capilla, el dormitorio y el refectorio, con excepción de la enfermería "donde para alivio y servicio de las enfermas sea siempre lícito a las hermanas hablar discretamente".

Sólo las "mendicantes", encargadas de pedir limosna, están exentas del silencio cuando se hallan fuera del monasterio.

Silencio, oración, trabajo, orden. Todas las horas están reguladas por los toques de la campanilla. La joven abadesa es prudente; jamás deja que sus hijas estén ociosas.

Tras la hora de tercia, las hermanas "a las cuales el Señor ha concedido la gracia de trabajar, trabajen con fidelidad y devoción en labores convenientes a la honestidad y al común provecho..."

Dos veces al día las hermanas se reúnen en el refectorio para compartir el pan de la caridad recogido para ellas por los buenos frailes de Francisco. Sor Clara acoge con humilde alegría esos mendrugos agradeciéndolos mucho más que los panes enteros. A veces se encuentran tan resecos que hay que suavizarlos con agua y un poco de aceite. Ella es la última en servirse. "Muchas veces, afirma Celano, lava las manos de las hermanas, se queda de pie mientras ellas se sientan y cuando comen les sirve la mesa".

Es un prodigio que Clara pueda sostenerse con tan poco alimento. Las hermanas se preocupan y le hablan a Francisco. Este, temeroso de su salud le impone por obediencia que no deje pasar un día sin comer al menos una onza y media de pan.

Clara obedece, pero sonriendo con la dulce boca pálida, habituada a los largos silencios.

"Nunca quiso ser indulgente con su cuerpo, dirá Cecilia Gualteri da Spello, sexto testigo en el proceso de canonización de la santa. En hacer y vestir fue durísima; y en el comer y beber estrictísima, así que parecía que tuviera una vida angélica..."

Verdaderamente angélicas son su penitencia y su caridad.

Un cierto beneficio hubiera significado para San Damián el que Clara entrara en posesión de una parte de la herencia paterna; pero no inútilmente el papa Inocencio III, al concederle el privilegio de pobreza, le había escrito a ella y para ella:

"Queriendo vos, como es sabido, uniros solamente al Señor, habéis renunciado a todo deseo de cosas temporales y os propusisteis en consecuencia no tener posesión alguna, siguiendo en todo las huellas de Aquel que por nosotros se hizo pobre para ser camino, verdad y vida. Ni por tal propósito os espanta la falta de lo necesario, ya que la diestra de vuestro celestial esposo está bajo vuestra cabeza, para sostener la debilidad de vuestro cuerpo que habéis sometido con ordenada caridad a la norma de vuestra voluntad. Por donde quien alimenta las aves del aire y viste los lirios del campo, de semejante manera os suministrará alimento y vestido..."

Por ello quien nutre a los pájaros y da vestido a los lirios del valle, proveerá a la "paloma plateada", y a su nido; y la dulce paloma quiso vender "su herencia", dice Cristina de Asís, no a sus parientes que incluso "quisieron dar un precio mayor que ninguno, sino que "la vendió a otros para que los pobres no quedaran defraudados. Y cuanto recibió de la venta de su heredad lo distribuyó entre los menesterosos".

De esta suerte las damianitas no recibieron ningún beneficio que la herencia de Clara; pero no inútilmente dictó para ellas Francisco, en uno de los doce capítulos de la Regla, esta norma:

"La abadesa y todas las hermanas sean solícitas por conservar la santa pobreza que han prometido al Señor Dios; y las abadesas y las hermanas que con el tiempo seguirán hasta el final, están obligadas a observar inviolablemente la misma; o sea no recibiendo ni teniendo para sí ni por interpuesta persona posesiones o propiedades o cualquier otra cosa que racionalmente pueda llamarse propiedad, exceptuando cuanto de terreno la necesidad reclama para la decencia y al aislamiento del monasterio. Y ese terreno no se cultive más que como huerto para las necesidades de las dichas hermanas".

Hay que confiarse pues a la Providencia para que haga que no falte el pan a las hermanas de San Damián. Pero un día también éste falta. Llegada la hora de comer, la despensera, sor Cecilia, corre a ver a Clara mostrándole el único pan que hay en casa. Unico. Y las hermanas están en ayunas desde el día anterior.

La frente pura de la abadesa no se oscurece por esto. Dulcemente ordena a sor Cecilia que parta ese único pan en dos y que mande a los hermanos que están de servicio en el monasterio una de las mitades, y que la otra mitad sea dividida en porciones conforme al número de las damianitas.

Sor Cecilia se queda estupefacta y humildemente se atreve a rebatir la orden de la abadesa:

–Madre mía, le dice tímidamente, para poder dividir esta mitad de pan en cincuenta pedazos tendría que renovarse el milagro de Jesús.

Clara sonríe y con firmeza replica:

–Ve, hijita, ve, haz lo que te dije y no temas.

La hermana sale dudando y Clara va a postrarse en su oratorio suplicando al Señor que la ayude a saciar el hambre de sus hijas; y mientras reza con todo el ímpetu de su fe inquebrantable, con el paraíso en el corazón, el pan crece bajo el cuchillo de sor Cecilia quien, muy conmovida y maravillada puede distribuir a las cincuenta hermanas una porción mucho más abundante que la habitual.

Cuando Clara sale del oratorio transfigurada por haber sido escuchada su plegaria, la atónita hija corre a su encuentro para proclamar el milagro, pero la leve mano de la abadesa le cierra los labios:

–¡Silentium!

No ha sido ella; ha sido el Buen Pastor quien ha proveído a sus ovejitas.

En otra ocasión, referirá sor Pacífica di Guelfuccio de Asís, como no hubiera aceite en el monasterio, llama Clara a un cierto fray Bentevenga de la Orden menor, destinado por Francisco a la colecta para las hermanas y le ruega que vaya a buscar un poco de aceite. El buen franciscano, en respuesta, le pide que le traiga un recipiente, cosa que Clara se apresta a hacer; lavando con sus propias manos la alcuza y colocándola sobre el muro del huerto para que el fraile la recoja al pasar.

Pero cuando fray Bentevenga llega para llevársela, la encuentra llena hasta el borde. Grandísima maravilla. ¿Quién pudo haber traído el aceite?... Es inútil y vana toda investigación porque por los muros del huerto no ha pasado nadie; en torno al refugio reina la total soledad de un día de verano.

Se hallan presentes al milagro Inés, hermana menor de Clara, Balvina su sobrina jovencita y Benvenuta, que han visto a la abadesa colocar la alcuza vacía y retirarla llena de aceite. Su estupor es inmenso. Tan sólo Clara no se sorprende. Una vez más ella ha suplicado al Señor no dejar al monasterio sin aceite, tan necesario para la lámpara del altar y para el poco condimento de las hierbas que sirven de sencillo alimento a las hermanas.

Y el Señor la escuchó una vez más.

Capítulo X

El ágape

Mientras sor Clara transcurre sus días educando en la sabiduría y en la virtud a las amadas discípulas, Francisco prosigue incansable su magnífica obra de redención y de caridad.

El rostro del Seráfico se afila. Sus ojos, que saben ver muy en lo alto y muy lejos, se llenan de misericordia por todos los pecados del mundo, por todas las miserias de la humanidad.

Revestido de su humilde sayal y ceñido por el cordón fray Francisco se lanza a recorrer los caminos sin término, a lo largo de los cuales se encuentra el dolor como piedra miliaria.

Perusa, que lo vio prisionero en su centelleante armadura, lo contempla ahora pobre entre los pobres, mendigando un pan que no siempre se le da y hablando fogosamente a Dios. Lo siguen los hermanos que por él se han descalzado, los "hombres penitentes de Asís" como les gusta definirse a sí mismos.

Perusa la fuerte, la invicta, la bellísima ciudad acoge con estupor la palabra de Francisco: palabra de caridad a los poderosos, palabra de amor a los inválidos, de paz a los iracundos, de pobreza a los ricos.

Es un milagro de amor, un fuego de caridad el que suscita. Otras riquezas son distribuidas a los pobres, otros soberbios que se tornan humildes y en la humildad siguen a Francisco añadiéndose al grupo de los primeros frailes.

Madonna Povertà, envuelta en la vestidura nupcial de sus miserables andrajos, sonríe y bendice.

La peregrinación de amor no conoce tregua. De repente aparece el pálido azul del lago Trasimeno con sus islas cuajadas de verdor y con el canto quedo de sus límpidas aguas que besan la ribera. Es primavera.

Por doquier pinceladas de blanco y de rosado. Los piracantos y los duraznos se visten de flores; en cada rama se agita palpitante la linfa nueva; en el aire azulado hay un incesante piar de nidos.

Francisco se detiene y mira la isla solitaria a la que irá en penitencia durante toda la cuaresma sin comer ni beber más que la mitad de un pan y algún sorbo de agua, por cuarenta días y cuarenta noches "en reverencia al ayuno de Cristo bendito", y su pálido rostro se ilumina. Y la bella poesía le brota del alma como flor del milagro; la bella poesía que más tarde, en el espasmo y en el éxtasis, irrumpirá en el *Cántico del hermano sol*.

Así, de pueblo en pueblo, con amor y con fe.

Quiere el Pobrecillo cosechar la más rica mies en la predilecta tierra umbra.

Orvieto lo ve ir y venir por sus calles herrumbrosas y escucha atenta la nueva predicación. Nadie se resiste. Los leprosos abandonados en las calles son recogidos, los hambrientos son alimentados; damas y caballeros depositan en sus manos oro y piedras preciosas para que las transforme en pan para los pobres.

¡Camina, Francisco, camina a lo largo de las calles de tu tierra llevando a todas partes la luz de tu bondad! Sacude el polvo de tus sandalias de peregrino y sube a la escabrosa ciudad de Narni que te prepara un dulce regalo para sor Clara.

Una jovencita, que oye hablar a Francisco con gran fuego de caridad del pobre refugio de San Damián, se arrodilla a los pies del Seráfico rogándole en nombre de Jesucristo que la conduzca a Clara, para que la dulce abadesa la guíe por la senda del cielo.

Por donde pasa Francisco parece levantarse un viento de mística y asombrosa locura. A tal grado vivifica y exalta la palabra de este frailecito frágil, humildísimo, encendido en amor divino como tea ardiente.

Por el blanco camino que conduce a Espoleto, ciudad orgullosa de su roca salvaje, el caballero de la Pobreza se dirige a sus frailes, a los que ese día les ha faltado el pan y les dice con rostro gozoso:

"Dejad que quienes pertenecen al diablo vayan por el camino con la cabeza baja. Nosotros debemos siempre regocijarnos y festejar al Señor. Porque ¿qué otra cosa somos nosotros, frailes menores, sino los trovadores y juglares del buen Dios, destinados a levantar los corazones de los hombres y a moverlos a la alegría espiritual?".

¡Alegría! O sea la paz del corazón, el abandono completo al omnipotente amor de Dios que no deja al pájaro sin nido ni a la más humilde flor sin una gota de rocío.

Sí, la verdadera y plena felicidad que las miserias de la tierra no pueden ensombrecer.

Francisco dirige sus pasos hacia la dulcísima Spello, porque la ciudad predilecta de Propercio tiene también un regalo que ofrecer a la silenciosa abadesa de San Damián. El don de Cecilia, hija de messer Gualtieri Cacciaguerra, aquella que se quedará cuarenta años en el monasterio al lado de Clara, la verá morir y dará testimonio de sus virtudes y de sus milagros en el proceso de canonización.

Es tan grande el fervoroso deseo de la jovencita, que Francisco la confía a fray Filippo Longo, visitador de las clarisas, para que la conduzca a Asís, mientras él reemprende su andar, cantando con los frailes los versos inspirados por el ardiente amor a Cristo:

Amor de caridad / ¿Por qué me has herido así?

Tengo partido el corazón / Y arde en amor.

En el silencio azul de la suave Umbría resuena la voz de este hombre maravilloso que nada tiene, que nada pide más que alabar al Creador en sus creaturas.

Luego, tras un largo y férvido peregrinar, Francisco retorna a visitar a sor Clara en el sereno y piadoso convento de San Damián.

Ella lo acoge arrodillándose a sus pies para recibir como hija la bendición del padre.

Clara no ha perdido la luz de su sonrisa; solamente está más delgada, más pálida, consumida ya por el principio de esa fiebre que no habrá de abandonarla. Las privaciones, los ayunos y el poco sueño comienzan a corroer esa admirable juventud que vive sólo de un poco de pan y de agua.

En el claustro inundado de luz donde las hermanas cultivan los lirios para el altar, los dos Seráficos conversan sobre su obra común. Con humilde fervor, Clara le pide al maestro la gracia de poder compartir juntos el pan. Francisco no responde. Sin decir palabra se levanta y se va, dejándola perpleja y adolorida.

En el corazón del Pobrecillo ha nacido quizá la angustiosa duda de que Clara no sea capaz de actuar plenamente ella sola, y para robustecer su sentido de propia responsabilidad piensa espaciar sus visitas a San Damián. Los frailes se dan cuenta de ello y le preguntan la razón: él no la oculta y revela también el deseo manifestado por Clara de comer con él.

Los Menores se atreven a expresar al maestro su propio parecer. Hay que dar a Clara este consuelo, lo merece. Y el maestro cede; lo que a ellos les parece justo y bueno, le parece también a él. Pero quiere que esa comida sea en la Porciúncula, donde Clara fue tonsurada y revestida como esposa de Jesucristo. Le agradará ciertamente volver a ver ese lugar predilecto de su alma, tras la prolongada clausura en San Damián. En el bosque oloroso a madreselva y a resina, junto a la querida iglesita, Francisco y Clara comerán en el nombre de Dios.

Grande es la dicha que ilumina el corazón de la damianita cuando se entera de que su deseo está por convertirse en realidad. Sale del monasterio con una hermana y, escoltada por algunos compañeros de Francisco, toma el camino de la Porciúncula.

¡Cómo le aceleran el corazón los recuerdos! Ya no desciende ocultamente por la vereda de Asís en una noche estrellada, cuando las piedrecillas del sendero eran acariciadas por el borde de su falda entretejida con hilos de plata.

No. Ella va ahora abiertamente, al sol, con su sayal y su cilicio, sin que los pies desnudos resientan la aspereza del terreno. No teme insidias: su obra avanza gloriosamente en honor de madonna Pobreza; y siente que cuanto ha realizado durará hasta que dure el mundo.

Más delgada, más palida, más lacerada por la penitencia, Clara entra en la iglesita, postrándose devota ante aquel altar de la Virgen María que vio, en una noche de primavera, cómo caía a sus pies el río de oro de sus cabellos rubios.

Todos oran en silencio; oración maravillosa que se evapora hacia el cielo como nube de incienso brotada de un incensario áureo. Luego Francisco hace preparar la mesa sobre la tierra desnuda y que en torno se sienten Clara, su compañera y uno de sus frailes. Humildemente y aparte toman asiento los demás.

Pero en vez de distribuir el pan, el Seráfico, levantando hacia el azul el fuego de sus pupilas, comienza a conversar de Dios con tal ardor y amor que todos, escuchándolo arrobados, se llenan de cielo arrebatados en éxtasis paradisíaco, como liberados del peso de la carne, como si fueran espíritus perfectos prontos a lanzarse hacia el infinito, hacia la refulgente cruz de Jesús.

La llama de su ardor no es sólo espiritual, porque mientras se abisman en la divina contemplación de Dios, las gentes de Bettona y de Asís ven que de repente se incendian el bosque y la iglesita de la Porciúncula. Aterrorizados, habitantes de la ciudad y campesinos se precipitan a la llanura para apagar el incendio, pero cuando llegan a él las llamas han desaparecido... No están allí más que Francisco, Clara y los hermanos, absortos en la contemplación celeste, en torno a la sencilla comida.

Comprenden entonces qué clase de fuego era el que ardía en la selva; y en silencio, admirados y devotos, se retiran para no turbar el ágape franciscano; ágape santo en el que el único alimento ha sido la palabra de Dios.

Y cuando los místicos comensales despiertan del éxtasis en el que sus almas se han inflamado de amor divino, nadie piensa en partir el pan preparado. Se han saciado con manjares más dignos.

Veloces han pasado las horas sin que nadie haya medido el tiempo y es ya de noche cuando Clara retorna a San Damián. Las hermanas la acogen gozosas, porque no viéndola regresar y no sabiendo qué pensar de tan largo retardo, temían que Francisco la hubiese enviado a fundar o a regir algún monasterio nuevo, como ya había mandado a sor Inés, la hermana menor de Clara, a dirigir el monasterio de Monticelli en Florencia. Temor no sin fundamento, porque varias veces Francisco le había dicho a Clara que estuviese siempre dispuesta a partir de un momento al otro. Y Clara, en santa obediencia, está siempre dispuesta a ir a donde al padre le plazca enviarla.

Francisco, sin embargo, no la separa de San Damián. Su plantita ha echado aquí las más profundas raíces. Serán sus ramas las que se extenderán más allá del muro de clausura, para hacer brotar flores de caridad y de hermandad en todos los jardines del mundo.

Capítulo XI

La penitencia

La vida claustral de Clara es un milagro de constante penitencia, de profunda humildad.

Es ella la primavera de las damianitas, es la abadesa a quien Francisco ha conferido poder y autoridad, es la superiora de una Orden a la que acudirán santas y reinas, y sin embargo ella quiere ser la última, sierva diligente y fiel de sus más humildes hijas.

Si la noche es rigurosa ella se levanta para ceder la propia cobija a quien, más delgada y no habituada aún a la penitencia, llora silenciosamente sin poder conciliar el sueño a causa del frío. Es ella quien cariñosamente, con un gesto silencioso, despierta a aquellas cuya juventud no les ha permitido oír la campana con la que la madre llama a Maitines, mientras en el cielo brillan todavía las últimas estrellas que huirán con la luz del alba.

Si alguna se enferma, su solicitud no tiene límites. Para velarla no se acuesta por la noche y desempeña los más íntimos y repulsivos oficios con amor y serenidad. Lava los lienzos sucios, limpia las sillas y los jergones manchados, barre y trapea la enfermería y cura las llagas más repugnantes, reclamando para sí estas humildísimas faenas, ya que toca a la madre cuidar a sus hijas y velar por ellas.

Dirá de ella la fidelísima Pacífica di Guelfuccio: "Ningún acto servil desprecia y muchas veces lava las manos de las hermanas... Lava los asientos sucios de las enfermas y los seca; y nada le da repugnancia ni rehúye por feo o fétido que sea. Con frecuencia lava los pies a las hermanas cuando regresan del camino y humildemente los besa una vez lavados".

Así una lóbrega tarde lluviosa, a la hora establecida para el regreso de las "mendicantes" que salen a buscar la comida, llega una de ellas agotada, sin aliento, con los pies batidos de lodo y de cuanto han encontrado por el camino. La abadesa tiene ya lista el agua para la limpieza y, viendo a la hermana tan extenuada, la hace sentarse, le pone delante el lebrillo e inmediatamente se dispone a lavarle los pies adoloridos que tanto y tan fatigosamente han caminado bajo la lluvia en busca del pan de la caridad.

Pero la pobre hermana no puede permitir que la abadesa, la madre, se rebaje al humilde oficio de lavarle los pies. De improviso con un rápido movimiento los retira de las piadosas manos y golpea con fuerza los labios de Clara. La santa no parpadea y se sonríe ante el grito de turbación que lanza la "mendicante" por haberle ocasionado tanto sufrimiento. Esté tranquila. No es nada. Para probárselo y darle tranquilidad Clara se agacha más y dulcemente besa la planta del pie que la golpeó.

Continuamente mantiene ella encendido en el corazón de las damianitas el fuego sagrado de la caridad y de la pobreza, dotes seguras para merecer la predilección de Cristo que nació pobre, vivió pobre y murió pobre en la cruz por amor a nosotros.

Pobreza.

Es decir no una casa sino un humilde refugio de toscas paredes y mal ajustadas ventanitas por las que penetra silbando el cierzo helado que baja de las nieves del monte Subasio; ni camas de blandas frazadas, sino un pobre lecho de sarmientos o de paja con una piedra del río como almohada; ni mesa aderezada con plata y cristalería, sino una tosquísima tabla sobre la cual se parte, cuando lo hay, el duro pan de los pobres; ni vestidos de terciopelo, seda o lana, sino un raído sayal lleno de costuras y remiendos; ni cinturones preciosos incrustados de piedras preciosas, sino un cilicio de piel de jabalí que tortura y llaga las carnes.

En virtud del santísimo nombre de la pobreza Clara duerme en el suelo, primero sobre una capa de sarmientos flexibles y nudosos, y después, concediéndose "una estera por cama y bajo la cabeza un poco de paja; y con este lecho" se contenta.

Más tarde, cuando se hallará enferma, aceptará por mandato "de san Francisco un jergón de paja".

Así lo afirman los testimonios del proceso de canonización, y añaden; "era de tanta aspereza con su cuerpo, que se contentaba con una sola túnica de media lana y con un manto. Y si descubriese que alguna túnica de las hermanas era más vil que la que ella portaba, se quitaba la suya y por ser mejor se la daba a la hermana".

"Castigaba su cuerpo con áspera vestimenta habiendo alguna vez usado la túnica tejida con crines y pelos de cola de caballo"...

Atestigua Benvenuta que "la dicha beata Clara una vez se mandó hacer una cierta prenda de piel de cerdo, con los pelos y cerdas rasuradas hacia la carne, y la llevaba bajo la túnica de media lana. Semejantemente otra vez se hizo hacer otro vestido de pelos de cola de caballo, y con ciertas cuerdecillas se lo apretaba al cuerpo, y así con los dichos cilicios afligía su virgínea carne".

Es indecible la tortura que debe ella experimentar, pero su faz de ángel no manifiesta el íntimo sufrimiento. Está siempre tan serena que Agnese di Opórtulo, quizá inconsciente de la terrible tortura a la cual Clara somete su cuerpo, en un momento de encendido fervor ruega a Clara que le preste su cilicio. Clara vacila, consciente de que no será posible que esta hija soporte tan atroz dolor, pero no queriendo contrariarla ni defraudar su fervor le presta "un cilicio hecho de pelos de caballo anudados".

Por tres días sor Agnese sobrelleva el martirio que la atormenta, suplicando al Señor que le dé fuerzas para soportar tamaña penitencia, pero al cuarto día sus fuerzas no resisten más. Tiene la carne herida y sangrante y no encuentra un solo segundo de descanso. Tiene que ceder. Y cede. Al devolver el terrible instrumento de tortura a Clara, llora de vergüenza y de humillación, mas Clara la consuela y toma sonriendo el cilicio que ella no teme.

No obstante esta continua, inexorable y despiadada flagelación de su carne, la "paloma plateada" se halla siempre alegre en el Señor, y nunca su rostro se ve ensombrecido; ya que viviendo toda de cielo, no tiene por qué preocuparse ni angustiarse por los padecimientos de la tierra.

Cilicio y ayuno. Son éstas quizás las primeras causas de su irremediable enfermedad.

Las hermanas lamentan esta atroz penitencia que mina las fuerzas de su santa madre, en otro tiempo tan frescas y lozanas; y sor Pacífica di Guelfuccio que tanta parte tiene en la vida de Clara, confiesa también haber llorado de inquietud y de piedad.

Todo este padecer, toda esta renuncia a todo bien, toda esta inexorable flagelación de la pobre carne humana constituyen el fundamento de la Regla, calcada sobre la Regla de los frailes Menores y que le costará penas y luchas para defenderla en toda su aspérrima integridad, obteniendo sólo pocos días antes de morir la plena aprobación del papa Inocencio IV.

Regla que a otros pontífices había parecido inhumana por la penitencia y la renuncia en frágiles mujeres, pero que Clara ha encerrado en un círculo de inquebrantable voluntad, sometiéndose a ella sin concesiones y sometiendo con amorosa solicitud a sus damianitas.

"El ayuno, impone la Regla, sea continuo, exceptuando el día de la Natividad del Señor; el silencio y la clausura inviolables; la renuncia sin límites a toda comodidad y propiedades, como homenaje a madonna Pobreza".

Sin embargo, en el ayuno ella hace amplias concesiones a las enfermas, porque con frecuencia las enfermedades de las damianitas son causadas por la escasez de alimento, y aun la oración se hace fatigosa cuando el cuerpo pierde su fuerza.

Regla rígida pero admirable de sacrificio, adoptada también por aquellos monasterios que de momento la habían temido como los de Nápoles, Praga y Bratislavia, y proyectada aun fuera del ámbito franciscano, especialmente en la reforma del Carmelo, y de la que se hará férrea e invencible defensora Teresa de Avila, la "santa toda fuego", quien escribirá en 1561:

"El día de Santa Clara, al acercarme a comulgar, se me apareció esta virgen con gran belleza y me dijo que valerosamente prosiguiera la empresa comenzada porque ella me ayudaría. Yo comencé a tenerle gran devoción y me ha resultado tan verdadero, que un monasterio de monjas de su orden que se halla cerca de nosotras nos ayuda a sostenernos; y lo que es más importante es que poco a poco ha llevado este mi deseo a tanta perfección y cumplimiento, que la pobreza que se observa en el monasterio de esta feliz santa, ya se observa en el nuestro y vivimos de limosna; cosa que no me ha costado poco trabajo que se haga con toda firmeza y autoridad del sumo pontífice romano; del cual se ha obtenido un Breve, a imitación del privilegio de Santa Clara, por el que Su Santidad ordena que no se pueda cambiar este monasterio, ni tenga jamás entradas".

La plantita de San Damián ha producido frutos admirables a lo largo de los siglos.

Capítulo XII

Las rosas

Francisco vela sobre San Damián. Está consciente de que sobre esos humildes cimientos se levantará el más alto y sólido edificio de la hermandad cristiana, porque del pobre recinto en el que viven en oración y penitencia las damianitas surgirá una descendencia maravillosa de obras santas que llevarán la paz y el bien a los hombres, en nombre de Jesucristo. Con todo, sus visitas a San Damián se van haciendo mucho más raras y breves. En su profundo e infalible sentido de equilibrio moral, Francisco comprende perfectamente que, tras haber dedicado al servicio del monasterio a dos de sus más leales hermanos, Filippo y Pacífico, a más de un capellán y un clérigo seleccionados también con cautela entre sus mejores discípulos, su presencia frecuente podría dar pábulo a las murmuraciones del mundo, siempre dispuesto a malinterpretar aun las más límpidas y puras acciones.

Se impone por tanto la separación completa. Pero hay que preparar a Clara, la cual no se resignará tan fácilmente a apartarse para siempre de su padre antes de que la hermana muerte los divida. Es menester, pues, reunirse con ella, y sobre este encuentro de los dos Seráficos la Leyenda ha escrito su más bella página de poesía.

Un día de invierno, saliendo del monasterio de San Damián donde ha edificado a las hermanas con encendidas palabras espirituales, Francisco invita a Clara a acompañarlo un trecho por el camino que lleva a Spello.

El campo está blanco de nieve, el hielo brilla en los árboles; parece que sobre la llanura extendida a los pies de Asís se haya desplegado un manto de armiño por el que el sombrío curso del río Tescio marca una huella rizada de terciopelo violáceo. Francisco y Clara ascienden en silencio. Aun hallando en la discípula su más robusta fortaleza y su más valiosa hermana, se esfuerza para tener el valor de decirle:

–Sor Clara, considero que conviene dividir nuestras obras ante la faz del mundo. Te dejo a ti con tus atenciones y yo tomaré otro camino.

Turbada, ella le responde:

–¿Y qué haré yo, Padre sin ti que me iluminas y me guías?

–El Señor proveerá, sor Clara.

–¿Y no nos veremos ya más, padre mío?

El sonríe tristemente, pero su corazón está lleno de resignación.

–Nos volveremos a ver para proseguir juntos nuestra obra cuando los espinos de estos setos, hoy cubiertos de nieve, se revistan de flores.

Y he aquí el suavísimo prodigio, tal vez obrado por las leves manos de invisibles arcángeles. De improviso en la punta de cada espino florece una fragante rosa bermeja. Para Sor Clara ha retornado la primavera y sonriente desciende sola hacia San Damián con los brazos llenos de las rosas del milagro.

Humilde y gozoso, fray Francisco toma el camino de Spello.

¿Leyenda? tal vez. Pero piadosa leyenda porque ciertamente Clara, tras esta breve ausencia del monasterio llevada a cabo quizá en virtud de obediencia, quiere que la clausura se haga más severa y restringida.

Ya desde 1215 el triunfo del ideal de pobreza franciscana fue aprobado por el papa Inocencio III quien, ciertamente tras las insistentes súplicas de Clara, concedió a las enclaustradas el título de "pauper" (pobre) a más del de "dómina" (dama). Privilegio a tal grado anhelado por el corazón de la Pobrecilla, que la hace escribir en su testamento:

"Considerando yo, Clara, sierva de Jesucristo y de las hermanas pobres de Santo Damiano y plantita del santo padre Francisco, con mis demás hermanas, nuestra santa y altísima profesión y el mandamiento de nuestro santo padre y la fragilidad nuestra y de las demás que han de venir tras de nosotras, cuánto temíamos que tras la muerte de nuestro padre Francisco, que era nuestra columna y nuestro apoyo y único consuelo después de Dios, nos desviáramos de esa pobreza; por ello nos vinculamos voluntariamente con nuestra señora santísima pobreza, para que después de mi muerte las hermanas que quedaran o vinieran luego, jamás hubieran de alejarse de ella. Y puesto que yo fui siempre cuidadosa y solícita en observar la santa pobreza que prometimos al Señor y al padre nuestro Francisco, así estén obligadas las hermanas que habrán de sucederme en este oficio, a observarla y a hacerla observar a las hermanas. Más aún, para mayor cautela, me empeñé en hacer corroborar con privilegio nuestra profesión de santísima pobreza que prometimos a nuestro padre, por el señor papa Inocencio en cuyo tiempo nos iniciamos, y por sus demás sucesores, de manera que nunca hubiéramos de alejarnos de ella".

¡El privilegio de pobreza!

Es el tesoro que Clara quiere custodiar con celosísimo cuidado, es la más preciosa gema por sobre cualquiera otra joya, es la herencia celestial que ella recibió de las manos de san Francisco.

En 1217 llega a Toscana, como legado pontificio, el cardenal Ugolino dei Conti di Segni, obispo de Ostia y admirador y devoto de las virtudes de Francisco quien, tras asiduas gestiones de peticiones y súplicas, obtiene del papa Honorio III, con la bula *Litterae suae,* la facultad de reconocer autoritativamente el privilegio de pobreza para la II Orden franciscana, con el derecho de absolutamente nada poseer fuera de lo estrictamente necesario. Privilegio estupendo, en un primer momento pedido y adoptado por otros monasterios pero luego abandonado, porque la indigencia extrema a la cual hay que someterse es tal que no todos logran sobrellevarla.

Por el contrario Clara, dulce, apacible y delicada como es, defiende con todas sus mejores fuerzas este altísimo privilegio de pobreza y, para que ningún aliento del exterior vaya a desflorar su pureza, se encierra con sus hijas espirituales en la más estricta y severa clausura. Reinan en la clausura tres fuerzas vivas de santidad: trabajo, penitencia y oración.

Inútilmente la primavera llama a las puertas de San Damián, revistiendo de flores el reducido jardincillo en el que a veces Clara pasa algunos momentos; inútilmente las golondrinas vuelan en torno al humilde techo y los setos de piracanto y las rositas manchadas emiten su amable aroma: no existen distracciones ni interrupciones en el regulado sucederse de las horas, cada una de las cuales tiene su función y su valor. Del alba al crepúsculo la campana las marca una a una con inexorable precisión. Se marcha así paso a paso a la perfección, como buenos soldados de Cristo.

Capítulo XIII

Los coloquios con Dios

Oración, penitencia, trabajo, silencio.

Dice la Leyenda: "En el monasterio no podía ser mayor la censura del silencio, ni más grande el modo y la forma de la honestidad. No había aquí la locuacidad que revela inestabilidad de ánimo, ni la ligereza que denota volubilidad de los afectos porque la grande maestra Clara, parca en palabras, reducía a breves frases la abundancia de su pensamiento".

En el silencio, pues, se oye mejor la voz de Dios; y a Dios se le puede hablar con mayor intensidad, como lo hace Clara.

"Por la noche tras las Completas, testificará Inés de Opórtulo, se estaba largamente en oración con abundancia de lágrimas. Y en torno a la media noche igualmente se levantaba a la oración mientras estuvo sana, y despertaba a las hermanas tocándolas en silencio. Y luego especialmente oraba a la hora de Sexta (medio día), porque decía que a esa hora el Señor nuestro fue clavado en la cruz".

Y Benvenuta de Perusa añadirá:

"... la misma madonna Clara se confesaba muchas veces, y con grande devoción y trepidación recibía frecuentemente el santo sacramento del Cuerpo de nuestro Señor Jesucristo y, al recibirlo, toda ella temblaba".

Para Clara la oración es vida, éxtasis, paraíso. Todo el día es una oración viviente, ya sea que permanezca en el coro o en el oratorio "humildemente postrada", ya que hile y teja con sus manos el lino para los manteles del altar, ya que vele o vigile a las hermanas, ya que coma por obediencia esa "onza y media de pan" que le impuso Francisco, ya que cultive y contemple el brote de las humildes flores de su jardincillo cerrado. Y cuando se levanta de la oración habla de Dios a las hermanas reunidas: de Dios, porque sus labios no saben hablar de otra cosa; y se halla de tal manera transfigurada por el coloquio celestial que las damianitas sienten reverberar en su alma la luz del paraíso que resplandece en el alma de Clara.

Luz que no es sólo espiritual.

Dice Amada, hija de messer Martino de Corcorano: "cuando ella retornaba de la oración su faz parecía más clara y más bella que el sol. Y de sus palabras emanaba una dulzura inenarrable, ya que su vida parecía toda ella celestial".

Y Cecilia, hija de messer Gualtieri Caciaguerra di Spello: "Era vigilante en la oración y en la contemplación sublime, de suerte que algunas veces, regresando ella de orar, su rostro se veía más claro que de ordinario y de su boca salía una cierta dulzura".

"En la oración tenía abundancia de lágrimas y con las Hermanas mostraba gozo espiritual. Jamás estaba turbada, antes con mucha mansedumbre y benevolencia formaba a las hermanas; y alguna vez, cuando era necesario, las reprendía diligentemente".

Mas la oración no satisface el fervor de Clara. Querría morir por su Dios como su Dios murió por ella; y habiendo sabido que en Marruecos han sido martirizados algunos frailes Menores le asalta el deseo de afrontar también ella el martirio... Sólo que el Señor dispone de ella de otra manera. Clara permanece en San Damián, encerrada en su clausura como perla encerrada en su irisada madreperla, ardiendo continuamente en la sed inextinguible de la palabra de Dios.

Por esta sed espiritual Clara busca sin reposo predicadores, pidiéndolos a Francisco y a los frailes menores. De Santa María de los Angeles el guardián le envía un famoso doctor, fray Alejandro de Hales que se encuentra allí de paso. Es varón prudente y sabio y las hermanas lo acogen con júbilo.

Entra él en la pequeña iglesia en donde, tras la reja, lo esperan las clarisas y donde se halla también fray Egidio, el joven tranquilo y benigno que, decidido a seguir a Francisco, inició su vida de penitencia con un magnífico gesto de fraterna caridad.

El día dedicado a San Jorge, cuando debía recibir las armas de caballero conforme a la usanza de esa investidura, mientras Asís se vestía de oriflama y de gallardetes en espera del torneo inminente, se encontró Egidio con Francisco que regresaba del bosque en el que había pasado toda la noche en oración, con los cabellos humedecidos por el rocío y los ojos resplandecientes de alegría espiritual por su coloquio con Dios. Egidio se lanzó a sus pies suplicándole que lo acogiera entre sus frailes Menores. Acogido con gozo, Egidio se fue con Francisco a conseguir el paño para su nuevo y humilde hábito. En el camino se toparon con una pordiosera que les pidió una limosna.

Eran ambos más pobres que ella y nada tenían que darle; pero Francisco dijo a Egidio.

–Por amor de Dios, amadísimo hermano, demos este manto a la pobrecilla.

Con tanta prontitud obedeció el joven, que le pareció, que con esa limosna se le abrían las puertas del paraíso.

Y ahora, mientras el docto fraile está por comenzar su sermón, el dulce Egidio rememora su primer paso feliz en el camino de la pobreza. Pero apenas ha iniciado Alejandro de Hales su predicación, fray Egidio se levanta y lo interrumpe para hablar él, él tan sencillo y tímido, con el impetuoso ardor que Cristo le inspira.

El famoso predicador y maestro, habituado a las multitudes apiñadas en las catedrales para escuchar su palabra, no protesta por la interrupción, antes se retira a un lado y escucha con atención las encendidas palabras de fray Egidio. Cuando este calla, fray Alejandro continúa su predicación.

Conmovida y edificada por tal ejemplo de humildad, Clara piensa gozosa en la frase de Francisco: "Debe el más docto estar dispuesto a ceder la palabra al más sencillo laico".

"Ejemplo, dice ella a sus hijas, que vale más que un milagro".

Francisco secunda el santo celo de Clara enviándole sabios y celosos predicadores, aunque bien sabe que más que nada su palabra es luz y guía y consuelo para las hermanas de San Damián y en ocasiones él mismo, al regresar a Asís de su peregrinar, desciende al refugio de Clara para reconfortarla con sus enseñanzas.

Un día, al entrar en la pobre iglesita donde se hallan recogidas en ansiosa espera las damianitas, se da cuenta de que se le recibe con extremado júbilo y de que con harta premura las hijas espirituales se preparan para escuchar su palabra, mientras él se considera el más miserable e indigno propagador de la verdad de Cristo. Es menester por lo tanto humillarse y humillar.

En silencio se acerca al altar levantando los brazos y la mirada en intensa oración, y luego hace a la sacristana una señal para que le lleve un plato con ceniza. Estupefacta, ella obedece; también Clara y las hermanas quedan atónitas y maravilladas por esa petición incomprensible.

Recibido el plato, Francisco traza en torno suyo un amplio círculo de ceniza y derrama el resto sobre su cabeza. Y a continuación, en el estupor silencioso de las hermanas, se eleva su voz firme entonando el cántico de la penitencia: "Miserere mei, Deus, secundum magnam misericordiam tuam: Misericordia, Señor, por tu bondad".

Clara comprende inmediatamente, y con voz trémula a la que acompañan luego las de las hermanas, se une a la suprema invocación a la misericordia de Dios. Terminado el salmo, ni siquiera levanta el rostro de sus manos juntas. Francisco es ceniza, todas las creaturas humanas son ceniza y no hay que levantar a la creatura por encima de la ceniza. Es el espíritu el que se eleva a Dios y por consiguiente a El solo se debe profesar servidumbre y reverencia.

Terminado el Miserere, Francisco sale de San Damián sin dirigir una sola palabra a la abadesa que permanece solitaria en la penumbra por un tiempo mayor que el habitual.

Francisco ha desaparecido, pero su pensamiento no se aleja de San Damián. El es consciente de la dura lucha que sostiene Clara para conservar incontaminada su donación a madonna Pobreza y no ignora que los monasterios de Lucca, Siena, Monticelli y Perusa han logrado sustraerse a la primera Regla para disminuir la rigidez del voto hecho, y teme que la dolorosa noticia llegue también a aquella que es la heroica sierva de la mística esposa. Entonces con uno de sus frailes envía un apasionado mensaje a las hermanas de San Damián para consolarlas y confirmarlas en la austeridad de la Regla, que mediante el mismo Cardenal Hugolino hará que se imponga de nuevo en los monasterios rebeldes.

"Yo, el hermano Francisco, pequeñuelo, quiero seguir la vida y la pobreza de nuestro altísimo Señor Jesucristo y de su santísima Madre, y perseverar en ella hasta el fin..."

"Y os ruego, mis señoras, y os aconsejo que viváis siempre en esta pobreza y santísima vida. Y estad muy alerta para que de ninguna manera os apartéis jamás de ella por enseñanza o consejo de nadie. Os saludo en el Señor".

Es el himno jubiloso y amonestador en alabanza de madonna Povertà, brotado de un corazón repleto de Jesús y no un frío razonamiento filosófico como el de Diógenes, despreciador de toda comodidad humana, quien tiró también la escudilla cuando se dio cuenta de que podía comer y beber en el hueco de la mano.

Las damianitas recogen la admonición del padre y le serán fieles en la alegría y la humildad.

Capítulo XIV

Contra los enemigos de la patria

Corre el año de 1240.

Tiempo triste para Asís, asediada por el bárbaro ejército a sueldo de Federico II de Suebia. El rebelde pupilo de Inocencio III quiere hacer descontar sus defensas y sus revueltas al valle espoletano, que como tierra cristiana está decidido a permanecer cristiano y católico bajo la autoridad del Pontífice.

Las salvajes hordas de los sarracenos contratados avanzan amenazadoramente teniendo en la mira la colina de Asís, en cuya ladera resalta la blancura del monasterio de San Damián. Allí se hallan recluidas vírgenes nobles que todo lo han abandonado por el amor a Dios, pero que tienen todavía familias ricas y poderosas que no vacilarán en pagar buenas sumas para salvarlas de sus manos. Los mercenarios se prometen un espléndido botín, porque así lo han oído decir al avanzar. La presa es halagadora y degollar mujeres tercas e inermes es empresa digna de ellos.

La bárbara turba sube con estrépito hacia el monasterio. Las hermanas oyen el rumor de las armas y de los gritos que avanzan como ola devastadora y un intenso terror se apodera de ellas.

Clara yace en su mísero camastro en el que la clavará hasta el fin su mal sin remedio, pero las hijas turbadas por el miedo corren hacia ella, para pedirle ayuda y protección contra el espantoso peligro que las amenaza, sin pensar que ella, enferma como está, nada puede hacer.

¡¿Nada puede hacer...?!

¡Oh, no! No ella, débil y sufriente, sino Cristo que vela por ella y la sostiene puede comunicarle toda la fuerza, darle la victoria.

Se incorpora sobre su raído costalón de paja, sostenida por sor Francesca di Colle di Mezzo y por sor Illuminata da Pisa, y se arrastra al oratorio donde cae de rodillas en la más encendida y suplicante plegaria: "Señor, defiende tú a estas tus siervas puesto que yo, como lo ves, no puedo defenderlas".

Entonces del pequeño sagrario en el que ella guarda la santa hostia, sale una suavísima voz: "no temas, yo os defenderé".

Basta. Clara ya nada teme, ni tiembla por la suerte de las hermanas. Si Dios está con nosotras, ¿quién contra nosotras?

Animosamente se levanta tras haber implorado también la salvación de Asís: "Señor, dígnate defender también esta ciudad".

Y una vez más se deja oír la divina voz: "La ciudad sufrirá mucho pero será defendida".

Clara ya no está enferma. Sus débiles miembros adoloridos se han hecho de acero; es la fuerza espiritual y el auxilio celeste lo que hacen de ella la heroína italiana capaz de repeler y vencer a los enemigos de la patria.

El aullido de los bárbaros se acerca más y más, semejante al estruendo aterrador del mar en tempestad. Ya se distinguen las roncas voces; ya, no pudiendo abatir la bien reforzada puerta del monasterio, han apoyado las escaleras al muro del huerto para penetrar en el recinto y romper la entrada al refectorio. Las hermanas están aterradas; parece que su virgíneo corazón saltara en pedazos, a tal grado el espanto lo hace latir aceleradamente. Sólo Clara permanece tranquila. Sosteniendo en sus pálidas manos la custodia en la que se halla el Cuerpo de nuestro Señor Jesucristo, se vuelve hacia sus despavoridas hijas:

– No temáis, dice con voz firme. Os aseguro que no se os hará ningún daño ni ahora ni en lo venidero.

Luego ordena que se abra la entrada del refectorio y así aparece ella, transfigurada por la fe, humilde y erguida bajo su raído sayal de pobreza, sosteniendo en las manos la Hostia divina salvadora del mundo frente a la horda bárbara de los paganos. Mujer, débil, sola... pero armada por una fuerza celestial que ni los ejércitos juntos del mundo pueden resistir.

Es un instante. Como empujadas por manos invisibles las poderosas escaleras se vuelcan y aullando de espanto los asaltantes se precipitan desordenadamente al suelo.

En el apacible día otoñal el monasterio de San Damián queda de improviso envuelto en un vivísimo rayo de sol.

Clara retorna apaciblemente a su camastro. Sabe que nunca más amenazará peligro alguno el refugio de las damianitas.

Está en paz.

Las hermanas caen de rodillas llorando en su derredor, temblorosas aún y estupefactas por el prodigio que ha operado la amable abadesa para salvarlas. Y Clara les impone, bajo virtud de obediencia, no revelar a nadie el milagro acaecido mientras ella viva.

Pero un año más tarde, el 22 de junio, un nuevo peligro amenza a Asís. Sin escarmentar por la primera derrota, el enemigo implacable, Federico II envía a su capitán, Vital de Amberes, con un poderoso ejército que asedia la ciudad. El asalto es terrible: los campos son devastados y quemados bosques y casas. Los habitantes se defienden desesperadamente, pero las fuerzas atacantes prevalecen y el que ha puesto sitio a la ciudad declara que no se retirará hasta que Asís haya caído en sus manos.

Lucha heroica pero desigual en cuanto a medios y fuerzas.

Se informa a Clara de la trágica situación, y queda ella aterrorizada y sin ánimo. Nada puede ella hacer, débil, e inerme; pero dispone de un arma infalible, superior a las mortales, a las culebrinas y a las catapultas de Vital de Amberes. Jesucristo, que ya una vez ha rechazado a los invasores del monasterio de San Damián, rechazará también a quienes asedian Asís.

Es un nuevo prodigio el que se le pide a Dios, y es necesario pedirlo con fervor, lágrimas y humildad.

Clara llama a reunión a las damianitas y, conforme a su costumbre, les habla con voz persuasiva y queda:

– Hijas, un grave peligro amenaza a nuestra ciudad que siempre nos ha beneficiado, suministrándonos sus limosnas con las cuales tomamos nuestro sustento. Seríamos unas impías e ingratas si no tratáramos de acudir en su ayuda por lo menos con lo que está en nuestras posibilidades: la oración. Oremos pues y hagamos penitencia, para que Jesucristo, Señor nuestro, la proteja y defienda.

Está fatigada sor Clara; fatigada, exausta y enferma, pero no importa. Pide ceniza y, quitándose el velo que cubre su cabeza, la rocía abundantemente y pide que otro tanto hagan las hermanas. Luego las despide diciendo:

–Id, mis hijas a hacer oración, suplicando fervorosamente a nuestro Señor Jesucristo que una vez más venga en auxilio de su fiel ciudad.

Las damianitas salen de la celda. Clara, sola sobre su camastro de dolor, cruza los brazos sobre el pecho, inclina el rostro afilado por el continuo sufrimiento y ora como solamente ella sabe orar.

Pasan el día en oración.

A la mañana siguiente el ejército bárbaro de Vital de Amberes es victoriosamente rechazado y su orgulloso capitán da la espalda a Asís, batido, humillado y más que nada estupefacto por la inaudita derrota.

Una vez más ha querido Cristo exaltar la incomparable humildad de su sierva con una increíble victoria que anualmente habrá de ser celebrada por largos siglos con fervor y fe por el pueblo de Asís.

Pero si el corazón de Clara está todo él encendido por el cielo, no por ello se cierra a los afectos terrenos, y el más tierno amor la vincula a su hermana menor, Inés, primera compañera de su clausura y con quien ha compartido el primer pan de la caridad.

Inés significa para ella su casa, su familia, el recuerdo viviente de los seres queridos que ha dejado sin vacilación aunque no sin dolor para unirse a Dios en el tiempo y en la eternidad. Y sin embargo es esta alma predilecta, por cuyas venas corre la misma sangre que las suyas, de quien primeramente debe despedirse.

Obedeciendo a Francisco, Inés parte de Asís en 1219 para ir a dirigir el convento de Monticelli en Florencia. La separación de las dos hermanas, que confiaban en vivir y morir juntas, es sobremanera doloroso.

¡Pobre de la pequeña Inés!

En su nuevo refugio se halla perdida, como tórtola arrancada de su nido por el viento, y escribe llorando a la santa hermana:

"A su venerable madre y maestra en el Señor, a su queridísima madonna Clara y a toda la comunidad, Inés, humilde sierva de Cristo. Es de la naturaleza de las cosas creadas que nada hay de estable, por lo que a las más espléndidas condiciones suceden los reveses más terribles e inesperados. Por desgracia, madre mía, tal tribulación me ha sobrevenido separada de vos y separada de mis hermanas, cuando esperaba vivir y morir a vuestro lado. ¡Pobre de mí, era una ilusión que se ha desvanecido! Optimas hermanas, compadecéos de mis penas, llorad conmigo y orad al Señor para que os evite semejantes tormentos. Mirad si hay un dolor semejante al mío; dolor que me oprime, debilidad que me consume, fuego que me devora sin un momento de reposo... ¿Qué hacer, qué decir oh madre mía, ahora que he perdido toda esperanza de volveros a ver más en este mundo, ni a voz ni a las hermanas? ¡Oh, si yo pudiera abriros mi corazón!"

Los ojos de Clara se abrillantan por el mal contenido llanto al leer la carta de la dulce hermana lejana que le ha llevado un minorista, pero encierra en el corazón su tristeza.

Es la mujer fuerte que sabe sufrir y soportarlo todo por su Jesús. Y envía a Inés piadosas palabras de consuelo. No debe temer. Ella no morirá sin que se vuelvan a ver –será la buena hermana quien le cierre los ojos– y ella en compensación le marcará el camino al paraíso.

Y así como el día tiene su aurora y su crepúsculo vespertino, su luz y su sombra, un nuevo y límpido júbilo disipa las sombras que la partida de Inés ha hecho descender en el corazón de la silenciosa abadesa.

Llega a ella Amada, una deliciosa jovencita sobrina suya, hija de messer Martino di Corcorano, radiante de felicidad y de belleza. Amada es verdaderamente la más guapa damisela de Asís; le fascinan las buenas vestiduras, los mejores collares, las frescas guirnaldas de flores y sabe adornarse con admirable gracia. Parece que por donde ella pasa lleva consigo un rayo de sol. En las fiestas y en los convites ella difunde un perfume como de rosa de mayo.

También le sonríe el amor. Un joven y apuesto caballero se halla siempre a su lado y está por llevarla al altar.

Verdadera y perdidamente amada, Amada se prepara a su fastuosa boda. Pero no le basta su propio e íntimo júbilo; es necesario compartirlo con su mística pariente de San Damián donde ya se ha recluido su hermana Balvina, también ella testigo en el proceso de canonización de Clara, de la cual se profesa siempre "sobrina carnal".

A lo mejor la pálida abadesa, tan alejada ya del mundo, no podrá comprender toda la alegría que vibra en el corazón de la rubia prometida; pero es tanta la virtud de Clara, piensa la jovencita, que ciertamente su bendición le acarreará fortuna.

En la luminosa mañana de primavera, Amada, hija de messer Martino baja por el áspero sendero que conduce a San Damián. Las primeras mariposas vuelan entre los setos tapizados de flores por los campos donde el trigo verdea lleno de vida, y por entre los olivos de plata cuyas finas hojas encogidas por el hielo invernal se desperezan al sol; bandadas de pájaros inquietos entretejen su vuelo; una límpida fuentecilla canturrea entre los guijarros y la hierba de verde tierno. Allá abajo, entre la selva frondosa, se oculta la iglesita de la Porciúncula.

Flota una dulce tibieza en el aire. Como si la benigna tierra umbra quisiera festejar a Amada, quien rebosante de júbilo desciende por la vereda florida pensando en la blanca vestidura de novia que la espera, en el collar de perlas, en la diadema de oro purísimo tachonado de diamantes que tan bellamente la van a adornar el día de su boda...

Cantando se acerca al humilde claustro de Clara, sin sospechar siquiera que la clarividente abadesa, inclinada ante el altar, ya está orando para que la jovencita no haya de ser engañada por el mundo. Porque la Seráfica tiene la previsión de cuanto le podría suceder a Amada si Cristo redentor no la acogiera en sus brazos divinos.

Va bajando Amada, cantando hacia el monasterio que dirige al cielo sus cipreses; sin saber que nunca subirá de nuevo por el tortuoso sendero.

Clara la acoge con tranquilo júbilo y de inmediato la jovencita comienza a ponderar los preparativos de la suntuosa boda que le espera: la riqueza de su vestido nupcial de precioso brocatel bordado en plata con adornos de perlas, los regalos recibidos de los más nobles de Perusa y de Asís, los cofres esculpidos que guardan su rico ajuar nupcial, las flores que se están recogiendo para ella en todos los jardines de Umbría.

Clara la escuha en silencio, fijando en el rostro de Amada sus límpidos ojos en los que azulea un girón de paraíso.

–Magnífica boda la mía, concluye radiante la jovencita.

Clara sonríe.

–Vanidad, Amada.

Tengo los cofres llenos de oro y perlas...

–Vanidad, Amada.

Todos acudirán a mi boda...

–Vanidad, vanidad, Amada.
–Mi prometido me quiere muchísimo.
–Hay un prometido que te ama mucho más.
–¿De veras? ¿Y dónde está?
–No aquí en la tierra...
–¿Su nombre?
–Jesucristo, Señor nuestro, muerto por nosotros en la cruz.

Quizás ni la paz, ni el silencio, ni la humildad del refugio, ni el rostro sereno de las clarisas, ni la voz suavísima de Clara podrían obrar el inmediato prodigio: solamente Cristo puede cambiar en un segundo el corazón de una creatura, solamente El puede hacer realidad el piadoso sueño de Clara.

Para la divina voluntad no existe el tiempo y Clara, como atestiguará un día la misma Amada, "Había implorado de Dios la gracia para ella, no permitiendo que fuese engañada por el mundo quedándose en el siglo".

A Clara Jesús no le niega nada porque es ella su sierva fiel, perfumada de virtud, desgarrada por el cilicio como él fue desgarrado por los clavos de la cruz.

La magnífica vestidura nupcial de Amada hija de messer Martino de Corcorano yace como inútil despojo sobre la cama cubierta con damasco; las flores cortadas para ella en los más aromados jardines de Umbría se van secando. Y un corazón enamorado que espera inútilmente no logra conciliar la paz...

Sobre la mesa del humilde refectorio de San Damián aparece un pedazo más de pan.

En la torre de pobreza

En el solitario monasterio, custodiado por los agudos cipreses se ora, se hace penitencia y se trabaja.

Clara misma, aun hallándose clavada a su mísero jergón por la tortura de la enfermedad, se hace sostener sentada por "ciertos paños que le sostienen la espalda" y allí hila el purísimo lino que las hermanas han de tejer para confeccionar corporales y manteles destinados a los altares de las iglesias "del llano y de los montes de Asís".

Cincuenta corporales envueltos en forros de seda y hechos bendecir por el obispo son confiados a los frailecitos de san Francisco para que los distribuyan, y en compensación reciban un poco de pan y un poco de aceite para el sustento de las damianitas.

Clara goza con esta labor destinada a los altares de Dios y la realiza con escrupuloso esmero.

Un día, narra sor Francisca di Col di Mezzo, no pudiendo Clara levantarse de su lecho debido a su enfermedad, pide que le acerquen un cierto mantel para coserlo. Pero las hermanas o no alcanzan a oír su débil voz o se hallan reunidas en la capilla. Acude entonces una gatita del monasterio al dormitorio donde yace la abadesa y como si hubiera entendido, agarra con sus manitas el mantel que Clara no puede alcanzar por hallarse distante de su camastro, y comienza a jalarlo y arrastrarlo como puede, para llevarlo a la enferma. Pero la santa la amonesta:

–Pilla, pilluela. No lo debes traer así. ¿Por qué lo arrastras por el suelo y lo maltratas?

La gatita se detiene de golpe como si comprendiera verdaderamente esas palabras, fija en el rostro de Clara sus grandes ojos de ágata y luego despacio, despacito, con sus manitas de terciopelo y ayudándose con el hocico gira, se revuelve y se afana hasta que logra doblar bien el mantel y llevarlo con todo cuidado a la santa, que la recompensa con una caricia de sus pálidas manos.

Desde su lecho de dolor y penitencia, clara acompaña con el pensamiento el peregrinar de Francisco por el mundo. ¿Acaso no fue ella quien, en un momento de incertidumbre y de duda del Seráfico, lo reanimó e impulsó en su misión de peregrino de Cristo?

Narran las *Florecillas:*

"El humilde siervo de Dios San Francisco, poco después de su conversión, cuando ya había reunido a muchos compañeros y los había recibido en la Orden, tuvo gran preocupación y dudas sobre lo que debía hacer: o entregarse solamente a la oración o darse a predicar, y acerca de esto deseaba vivamente conocer la voluntad de Dios. Y como la humildad que había en él le impedía presumir de sí y de su oración, decidió averiguar la voluntad divina mediante la oración de otros. Llamó entonces al hermano Masseo y le dijo: 'Ve a ver a sor Clara y dile de mi parte que junto con algunas de las hermanas más espirituales ore a Dios con toda devoción para que El se digne mostrarme qué cosa sea mejor: dedicarme a predicar o solamente a la oración. Luego ve a ver al hermano Silvestre y le dirás lo mismo'. Era éste aquel messer Silvestre que, antes de hacerse religioso había visto salir de la boca de San Francisco una cruz de oro que llegaba hasta el cielo y se extendía por los cofines del mundo. Era este Fray Silvestre tan devoto y tan santo que obtenía lo que le pedía a Dios y muchas veces coversaba con El; y por ello San Francisco le profesaba gran devoción. Fue Fray Masseo y, conforme al mandato de San Francisco llevó su embajada primero a Santa Clara y luego a fray Silvestre. Apenas lo recibió, éste se dio a la oración y en ella recibió la respuesta divina, y volviendo a fray Masseo le dijo: 'Esto dice Dios que se lo digas al hermano Francisco: Que Dios no lo ha llamado a ese estado solamente para sí, sino para que haga fructificar muchas almas y muchos se salven por él'. Recibida esta respuesta, el hermano Masseo regresó a Santa Clara para saber qué le había pedido a Dios y le respondió que ella y sus compañeras habían recibido la misma respuesta que fray Silvestre. Con esto volvió fray Masseo a San Francisco y él lo recibió con grandísima caridad, lavándole los pies y sirviéndole de comer. Después de comer, San Francisco se llevó a fray Masseo al bosque, se arrodilló ante él, se quitó la capucha y cruzando los brazos le preguntó: '¿Qué es lo que manda hacer mi Señor Jesucristo?'. Fray Masseo le respondió: tanto a fray Silvestre cuanto a sor Clara y sus hermanas, Cristo ha respondido y revelado que su voluntad es que tú vayas por el mundo a predicar, ya que no te ha elegido para ti solo, sino también para la salvación de los demás'. Entonces San Francisco, oída esta respuesta y conocida por ella la voluntad de Cristo, se levantó con grandísimo fervor y exclamó: 'Vamos en nombre de Dios'".

Sor Clara recuerda, piensa y reflexiona sobre todo esto, y en el pensamiento y la reflexión su espíritu se ha afinado de tal manera que ha adquirido secretas virtudes de premonición. Verdad es que Francisco, recobrado el ardor por su misión, está lejos de ella; pero entre ambos permanece siempre un inquebrantable vínculo de colaboración espiritual, en honor del Altísimo.

Sucede que un día el Seráfico le envía cinco mujeres para que las acoja en la clausura. A pesar de sus sufrimientos, Clara se levanta y baja del dormitorio a recibirlas. Se arrodillan a sus pies, llevándole el saludo de Francisco. La mirada límpida de la abadesa las escruta una a una para verlas bien "por dentro". Cuatro de ellas son recibidas inmediatamente pero no la quinta, madonna Gasdia di Táccolo. Clara no la puede recibir porque ya ella sabe que la mujer no perseverará en el monasterio y que, si entra, podría perjudicar a las demás.

La rechazada suplica, gime, promete fidelidad y obediencia; en ese momento está ciertamente segura y es sincera. Las hermanas mismas muestran dolor y desconcierto por esa inusitada severidad de la madre. Esta, entonces, termina humildemente por ceder, pero su previsión no la ha engañado. La novicia es incapaz de resistir la severidad de la clausura, y antes de seis meses de haber sido recibida se deshace del velo y abandona San Damián.

Se encuentra cansada sor Clara, pero su alma invicta resiste toda prueba aunque el cuerpo esté torturado por un nuevo cilicio que ella ha confeccionado con cerdas de jabalí para una penitencia más áspera. Le sobrevienen desmayos, fiebres altísimas que la queman y la consumen, dolores atroces que la ahogan como serpientes. Pero todo lo soporta sonriente por amor a Jesucristo y aun encuentra todavía fuerzas, cuando el mal le da un poco de respiro, para levantarse en medio de la noche y verificar si todas las hermanas tienen la manta que las defienda del frío, si no les falta agua a las enfermas y si las angustiadas y abatidas no lloran en silencio.

El único reposo y la única distracción que se concede es una breve visita al jardincillo que sonríe al sol entre los muros del monasterio.

Unas cuantas plantas florecen en ese tan reducido espacio. Clara ama con dulzura sus flores y las cultiva con amor acercando a ellas el límpido azul de sus ojos de paraíso.

¡Las flores! Como sus flores, ella es sencilla, pura e inocente. Y aconseja a las "mendicantes", cuando salen del monasterio, que al ver "los árboles bellos, floridos y frondosos" alaben a Dios que los ha creado para alegría de la tierra y para la poesía de los hombres.

Desde su huertecillo Clara puede contemplar el fuego de los crepúsculos que centellea en el curso lejano del río Tescio, las mullidas ondulaciones de las alturas de Bettona y de Montefalco, la llanura toda verde salpicada de caseríos, y sobre todo puede contemplar el cielo rebosante de estrellas como el cielo de aquella noche cuando furtivamente bajó hacia la Porciúncula, acariciando las piedrecillas del escarpado sendero con el borde de su reluciente falda.

Mas cuando resplandece el plenilunio y cubre con su velo de plata el valle espoletano que vibra con el canto de los grillos, no sabe ella que una cierta noche Francisco, al contemplar la profundidad de un pozo confió a fray León, la "ovejuela de Dios":

"Hermano León, tú crees que en este pozo he visto reflejada a la hermana Luna. No es así: he visto el rostro de sor Clara. Yo temía que se encontrase ella en honda tribulación, mientras que ese rostro se me ha aparecido tan resplandeciente de gozo celestial que mi corazón ya se ha pacificado por ella".

En la poesía de la noche las almas puras de los dos seráficos se encuentran para alabar al Creador.

El cántico del hermano sol

Mientras Clara se ocupa en su obra de indulgente piedad, vigilando y conduciendo a sus hijas hacia la perfección espiritual, atendiendo a los enfermos y a los leprosos que Francisco le envía para que los consuele y los cure, y tejiendo los lienzos para las iglesias pobres, el Seráfico prosigue su peregrinar por el mundo distribuyendo por todas partes el tesoro de su alma espléndida.

No consiguió sufrir en el Oriente el tan anhelado martirio. Otro martirio lo espera en su tierra, llena de su alabanza a Dios y de su bendición.

Francisco se halla consumido, agotado. Los caminos quemados por el sol o azotados por los chubascos o atormentados por la nieve lo ven pasar envuelto en su mísero sayal de media lana con un paso más lento y acusando toda su persona un visible sufrimiento. Se hace indispensable que aun en el extremo rigor de la penitencia le conceda un poco de reposo al hermano cuerpo. Y el reposo él lo encuentra allá, arriba, en el bosque cóncavo del monte Subasio.

Alguna gruta excavada en la roca viva, en donde es dulce entregarse a la meditación y a los coloquios con Dios.

Y silencio. Nada más.

Aquí Francisco disfruta verdaderamente del místico júbilo de la soledad; aquí el hermano viento hace cantar las frondas de esos encinos seculares, el hermano sol despierta de su sueño a las artánitas color sangre y la hermana agua se desliza alegremente en hilos plateados por el áspero declive de las angosturas.

En lo alto las golondrinas flechan chirriando las azules vías del cielo.

Aun el día de hoy el eremitorio de las Cárceles conserva intacta toda la sabrosa poesía del recuerdo franciscano. En el minúsculo claustro del humilde convento se goza de un sol tibio; los frailes viven en pobreza. Nada poseen fuera de su rosario; no disponen de otro asilo que las celdas excavadas en la roca viva y esperan con paciencia la orden imperiosa que los lance de su quieto refugio a los leprosarios lejanos donde sepultarán sin remisión su juventud consagrada.

La vida de Francisco es un delirio de pasmoso sufrir. Se halla cansado y no basta. Toda su persona se halla torturada por terribles sufrimientos y no basta. Sus ojos consumidos por las lágrimas y por el insomnio ya casi no ven, y no basta. Es preciso que sufra todavía más, que se consuma aún más.

Lo espera la Verna. El sagrado monte será testigo del inaudito milagro.

Propietario de esa tierra es el conde Orlando dei Cattani, señor del castillo de Chiusi en el Casentino.

El caballero dice a Francisco:

–Tengo en Toscana un monte llamado de la Verna, que es muy solitario y selvático, muy apto para quien quisiera allí hacer penitencia en lugar alejado de la gente. Si te agrada, con mucho gusto lo donaré a ti y a tus hermanos por la salvación de mi alma.

La donación es bien acogida. A su regreso de España, Francisco se prepara a la ascensión.

El sendero es fatigoso y sus fuerzas se encuentran agotadas. Pero sonríe contemplando el límpido cielo de un azul intenso. Quizá lleva en su alma un presentimiento glorioso y su corazón se estremece.

Es la mañana del 4 de septiembre de 1224. Francisco se separa de sus compañeros para aislarse en la oración, para estar a solas con Dios.

Junta las manos, fija en lo alto sus pobres ojos enfermos en los que se asoma el crepúsculo y ora. Es una oración nueva, más encendida que una llama, que lo hace arder todo. Al ardor interior responde de repente una luz deslumbradora que inflama todo el bosque como en un gigantesco incendio. Y en esa inimaginable claridad aparece la figura de un serafín con seis alas de fuego. Entre ellas se forma Cristo crucificado, viva imagen de aquel Cristo crucificado que Francisco lleva continuamente en su corazón seráfico. De las divinas llagas se desprenden cinco rayos de luz que atraviesan las manos, los pies y el costado de Francisco marcando, con un vivo dolor, las heridas redentoras de Cristo.

Es un espasmo maravilloso. El estigmatizado se trashumana. El prodigio que lo diviniza lo deja pálido, jadeante, exhausto. Ya no más creatura sino espíritu libre.

El Sasso Spicco se ha hecho inolvidable.

Rendido, casi ciego, Francisco regresa a donde están sus compañeros que ha dejado más abajo, tratando con sumo cuidado de esconder las heridas santas que sellan con gloria su vida ya gloriosa por la humildad. Su pobre cuerpo parece no poder sostenerse más, y el hermano halcón que cada noche viene a picotear en su celda a despertarlo para la recitación de maitines, tiene piedad de esa agotada creatura convertida en una llama de amor, y retarda la llamada para que Francisco pueda reposar un poco más.

Llega el momento de volver a Asís; pero antes de enfilar por la empinada vereda de regreso, el santo saluda agradecido a su alado compañero:

–Hermano halcón, te agradezco la caridad que me has tenido. Adiós, adiós Sasso Spicco, nunca más te volveré a ver.

Ya para bajar del monte boscoso, su Calvario magnífico, Francisco quiere levantar una vez más su mano para bendecir a la humanidad cuyas miserias todas y pecados llora y por la cual ofrece a Cristo su gran sufrimiento. En el hermano León, ovejuela de Dios, él ve representados a todos los hombres, y al hermano León, inclinado ante él, ofrece el don tangible de su bendición:

"El Señor te bendiga y te guarde, te muestre su rostro y tenga piedad de ti. Vuelva hacia ti su mirada y te conceda la paz. Que el Señor te bendiga, hermano León".

Y la "ovejita de Dios", temblando de reverencia y de amor, besa el pergamino en el que están escritas las santas palabras y la *Tau* firmada por la mano del maestro; y luego, mientras el Seráfico se despide de los demás compañeros, se prepara a acompañarlo en el largo y fatigoso camino que lo llevará a Asís.

Fray León pide prestado un burro a un campesino porque los clavos de los estigmas que laceran los pies de Francisco no le permiten recorrer la pedregosa bajada. La meta es Città di Castello, donde el santo se detiene un buen tiempo, dado que sus fuerzas se hallan extenuadas y no le es posible soportar un viaje tan largo y difícil.

El hermano cuerpo está derrotado; no es más que frágil prisión de un espíritu luminoso que anhela emprender el vuelo hacia ese cielo azul que no tiene confines.

Pero también el hermano cuerpo debe todavía obedecer la voluntad del espíritu y se ve obligado a encaminarse hacia Asís.

Hace frío. Por el aire gélido descienden copos de nieve; el viento hace duro y fatigoso el caminar; más de una vez la pequeña comitiva debe buscar un abrigo para resguardarse de la tormenta.

Llegado finalmente a Asís, los hermanos de la Porciúncula tratan de hacerlo descansar; pero él no cede y sigue arrastrando, como puede, su mísero y extenuado cuerpo por los caminos de la tierra predicando en nombre de Dios. Es un esfuerzo enorme que lo agota.

Dura un año en este continuo padecer. En septiembre de 1225 se halla tan consumido que acaba por ceder a las exhortaciones de los suyos y darse un poco de resposo. Un hermano lleva a sor Clara el mensaje de que el queridísimo padre se concederá tal reposo en el dulce silencio de San Damián. Le pide que le prepare un rinconcito en el huerto del monasterio, puesto que habiendo él mismo impuesto la más estricta clausura a las damianitas, no será él quien la infrinja pasando más allá del portal en el que se halla esculpida la cruz de la prohibición.

¡Que sorpresa más agradable, qué conmovedora espera la de Clara! También su cuerpo sufre, pero ahora no siente ya sus padecimientos y heroicamente abandona su duro camastro para preparar con sus propias manos el rinconcito del beatísimo padre. Levanta entonces una pequeña cabaña de carrizos, sólida, bien protegida del viento y abierta al lado del sol; extiende en el suelo una tosca estera para descanso de Francisco, lleva una cruz para sus oraciones, una jarra de agua fresca para la sed y una frazada, la mejor que permite la pobreza de San Damián, para protegerlo del fresco de las noches septembrinas.

Solicitud maravillosa. En esa alma mística florece la mujer con toda la poesía de su instinto femenino, para que el santo pueda verdaderamente gozar de esas mínimas comodidades de su reposo, ya que ella comprende cuán agotado y sufriente él se halla.

Llega Francisco. A través de la reja Clara lo ve deshumanizado, con la cara cenicienta, los ojos apagados, la persona perdida bajo el humilde sayal y las manos y los pies sangrantes...

Es la revelación.

Temblando ante el inaudito prodigio, Clara cae de rodillas.

Francisco se acomoda en la cabañita de carrizo donde lo espera, sentada, madonna Povertà. Las santas heridas duelen cada vez más: el espasmo debe ser atroz pero los labios del estigmatizado no conocen los lamentos; oran y bendicen nada más.

Sor Clara pone todo su empeño en aliviar los sufrimientos y prepara unos blancos linos para las heridas y confecciona los famosos zapatos de piel blanca, que le cubran toda la parte superior del pie para esconder los clavos, y por abajo tengan una gruesa entresuela blanda que le permita caminar sin que las puntas de los clavos toquen el suelo.

En esta forma Francisco puede ir y venir un poco por el huerto, porque desafortunadamente la cabañita está infestada de grandes ratas que le cortan el sueño, corriéndole incluso por la cara. Pero él soporta con una sonrisa tantos males, ya que el Señor le ha hecho oír una voz que lo conforta para soportar esas tribulaciones. Por estas tribulaciones él gozará más cumplidamente la alegría y la gloria del paraíso.

En el dulcísimo amanecer de un día de septiembre, Francisco despierta con el corazón henchido de un inexplicable ímpetu de poesía.

Todo el inmenso amor con el que él ama al Creador y a las creaturas, acumulado en la noble alma tras largos años de meditación, de actividad apostólica, de oración nunca saciada y de penitencia severa, prorrumpe en el himno gozoso que jamás habrá de extinguirse y que escucharán con igual reverencia la humilde flor de los campos y el astro que se asoma parpadeando en el lívido crepúsculo de los inconmensurables abismos interestelares.

El sol naciente enciende gloriosamente el cielo, como enorme pupila de fuego abierta sobre el mundo.

Con paso inseguro sale Francisco de su mísera cabaña al huerto aún húmedo por el rocío y llama a sí a los hermanos. Las golondrinas y las tórtolas, los ruiseñores y las palomas se congregan en torno suyo procedentes de todos los puntos del infinito azul con las alas ligeramente cansadas, para escuchar ellos también el canto del poeta seráfico.

Las clarisas se asoman por sobre el muro del huertecillo de Clara...

Con los brazos en alto y el rostro luminoso, Francisco canta:

Altissimu, onnipotente, bon
[Signore
tue so' le laude, la gloria e
l'honore
et onne benedictione.

Ad te solo, Altissimo, se kon-
[fano,
et nulu hommo ène dignu
te mentovare.

Laudato sie, mi' Signore,
cum tucte le tue creature,
spetialmente messer lo frate
[sole,
lo qual' è iorno, et allumini
[noi per lui.
Et ellu è bello et radiante
cum grande splendore:

Altísimo, omnipotente, buen
[Señor
a ti la alabanza, la gloria
y toda bendición.

A ti solo, Altísimo, corres-
[ponden
y ningún hombre es digno
de hacer de ti mención.

Loado seas, mi Señor,
con todas tus creaturas,
especialmente el señor her-
[mano sol,
el cual es día y por él nos
[alumbras.
El es bello y radiante
con gran esplendor:

de te, Altissimo, porta signi-
[ficatione.

de ti, Altísimo, lleva signifi-
[cación.

Laudato si', mi' Signore,
per sora luna e le stelle;
in celu l'ài formate clarite
et pretiose et belle.

Loado seas, mi Señor,
por la hermana luna y las
[estrellas;
en el cielo las has formado
luminosas y preciosas y bellas.

Laudato si', mi' Signore, per fra
[te vento
et per aere et nubilo et sereno
et onne tempo,
per lo quale a le tue creature
[dài sustentamento.

Loado seas, mi Señor, por el her-
[mano viento,
y por el aire nublado, sereno
y todo tiempo,
por lo cual a tus creaturas das
[sustento.

Laudato si', mi' Signore, per
[sor'acqua
la quale è multo utile et humile
et pretiosa et casta.

Loado seas, mi Señor, por la
[hermana agua,
la cual es muy útil, y humilde
y preciosa, y casta.

Laudato si', mi' Signore,
per frate focu
per lo quale ennallumini la
[nocte:
et ellu è bellu et iocundo
et robustoso et forte.

Loado seas, mi Señor,
por el hermano fuego
por el cual alumbras la noche:
y él es bello, y alegre
y robusto y fuerte.

Laudato si', mi' Signore,
per sora nostra madre terra,
la quale ne sustenta et governa
et produce diversi fructi
con coloriti fiori et herba.

Loado seas, mi Señor,
por nuestra hermana la madre tierra
la cual nos sustenta y gobierna
y produce diversos frutos
con coloridas flores y hierbas.

El cántico de Francisco se eleva llameando del huertecillo de San Damián lanzándose hacia el espacio infinito. Es verdaderamente el cántico solar, al que fray Pacífico, el rey de los versos, pondrá música y que los franciscanos, trovadores de Dios, llevarán cantando por toda la tierra.

Las golondrinas y las tórtolas, las palomas y los ruiseñores parten por las vías centelleantes del horizonte, formando en el cielo una descomunal cruz de pluma.

Clara escucha extasiada. Ese himno de universal amor es ya suyo, porque también ella, con reverencia, ama cuanto ha salido de las manos de Dios. Y con los ojos vueltos hacia el creciente sol, que asciende glorioso por el cielo que se torna en oro, ella repite la exaltación de san Francisco.

Sólo que el cántico no está completo aún.

El reposo y los cuidados de sor Clara que con dificultad se sostiene, un poco de alimento preparado por sus propias manos y una nueva fuerza concedida por Dios, consiguen que Francisco pueda reemprender su misión aunque sea por muy poco tiempo.

A lomo de borrico se dirige primeramente a la ermita de San Colombano, para someter sus dolientes ojos a la terrible prueba del hierro candente que le cauterizará los párpados hinchados.

El sufrimiento es ciertamente horrible, pero san Francisco le habla al hermano fuego. El hermano fuego no puede olvidarse del gran amor con el que el Seráfico lo ha exaltado y alabado, y lo trata con delicadeza. El rostro de Francisco no se contrae al contacto del hierro incandescente: ningún dolor ha sentido.

Mas la mejoría de ese frágil cuerpo es efímera. Las fuerzas vuelven a abandonarlo. Y entonces Francisco pide a Fray Elías que lo lleve directamente a Asís. Siente que la hora suprema se avecina y quiere despedirse de la vida allí donde él se abrió a la vida.

"En esa orilla... vino al mundo un sol...", y ese sol quiere tener allí su crepúsculo.

De Siena, donde se encuentra el santo, a Asís, el camino es largo y peligroso, porque el municipio perusino y el asisiano están en guerra por las diferencias surgidas entre el pueblo y los feudatarios. Para no exponer al enfermo a un eventual asalto, la caravana se desvía por Gubbio y Nocera. Aquí sale al encuentro del Seráfico un puñado de reverentes caballeros que lo escoltan hasta Asís, donde se hospeda en la casa episcopal por orden del obispo.

También en su predilecta ciudad de Asís encuentra Francisco rivalidades y discordias. Parece que volvieran los tristes y feroces tiempos de la juventud del Pobrecillo, cuando toda la tierra ardía en el ímpetu sanguinario de las facciones.

Desde su lecho de dolor alcanza a oír el tumulto y se aflige. No tiene ya fuerzas para levantarse y bajar a poner paz entre los furibundos contendientes; no tiene ya voz suficiente para gritarles la palabra inspirada que calma y reconcilia. Pero no importa. Envía a dos hermanos a repetir la estrofa de paz que le brota del corazón como brotan aquellas flores milagrosas de la planta que está a punto de morir. Y los minoristas, estupefactos y exaltados por la caridad, bajan a la plaza donde obispo, alcalde y pueblo, llamados a reunión, oyen el verso misericorde que exalta el amor y la concordia entre los hombres:

Laudato si', mi Signore,
per quelli ke perdonano per lo
[tuo amore
et sostengono infirmitate et tri-
[bulatione.
Beati quelli ke'l sosterrano in
[pace,
ka da te, Altissimo, sirano inco-
[ronati.

Loado seas, mi Señor,
por aquellos que perdonan por
[tu amor
y soportan enfermedad y tri-
[bulación.
Bienaventurados aquellos que
[las sufren en paz,
pues por ti, Altísimo, serán co-
[ronados.

El prodigio ocurre; la voz de Francisco no resuena en vano, Dios le concede también esta gloriosa victoria.

El obispo Guido y messer Belingerio, alcalde de Asís, tocados por la palabra de caridad franciscana, deponen las armas y se abrazan.

Las condiciones de Francisco empeoran. Ni siquiera las lágrimas y las oraciones de las damianitas, continuamente informadas por los frailes Menores de la gravedad del dulce padre, logran aliviar sus sufrimientos. Desde su camastro, del cual ya casi no se mueve, Clara hace continua oración por él. Pero el santo está acabando.

Francisco pregunta la verdad sobre su propio mal a messer Bongiovanni, médico de Arezzo hecho venir por el obispo. No se puede mentir a quien se halla tan preparado para ir al encuentro con Dios.

–Yo pienso que no podrás curarte, responde Bongiovanni, y que morirás de aquí a poco. Tal vez a fin del mes o en los primeros días de octubre.

No pasa la más leve sombra por el rostro de Francisco, antes parece que todo él se ilumine. Luego manda llamar a fray León y a fray Angelo para que le repitan el Cántico de las creaturas. Lo entonan ellos llorando mientras el moribundo escucha con una sonrisa de inefable alegría. Luego, cuando cesa el canto, levanta él las delgadas manos heridas y, rebosando un celestial ardor, saluda a Aquel que lo liberará del peso terreno para darle la luminosa ingravidez de los bienaventurados, y da gracias al Señor por ello.

Laudato si', mi' Signore,
per sora nostra morte corporale
de la quale nullu homo vivente
pò skappare:
guai a quelli ke morrano ne le
peccata mortali;
beati quelli ke trovarà
ne le tue sanctissime voluntati
ka la morte secunda no 'l farrà
[male.

Loado seas, mi Señor,
por nuestra hermana muerte cor-
[poral
de la cual ningún hombre viviente
puede escapar:
¡Ay de aquellos que mueran en
pecado mortal!
bienaventurados aquéllos a quienes encontrará en tu santísima
[voluntad,
pues la muerte segunda no les
[hará mal.

Es el canto del cisne. Aún le queda un hilo de voz temblorosa, que logra hacerse oír. Jamás honró a la hermana muerte una alabanza semejante, jamás la acogió nadie con tanto anhelo y tanta paz. Y atraída por el inusitado canto se le va acercando cada vez más, ligera y sonriente.

Laudate e benedicete mi' Signore et rengraziate et serviateli cum grande humilitate.	Load y bendecid a mi Señor y dadle gracias y servidle con gran humildad.

Ha concluido el cántico que encierra el maravilloso amor de una creatura por todo cuanto en el nombre de Dios y por obra de Dios germina y vive sobre la tierra y resplandece en el cielo.

Ahora Francisco puede morir.

Capítulo XVII

La hermana Muerte

Francisco no quiere morir en el lecho suntuoso del palacio episcopal, sino en su amado y paupérrimo refugio de su oración y de su penitencia: en la Porciúncula, junto a la iglesita de Santa María de los Angeles donde cortó a Clara su sedosa cabellera rubia; donde en una hora de éxtasis inefable habló con Cristo entre una lluvia de rosas encarnadas, sonrió a la Virgen y obtuvo el perdón de todas las culpas de aquellos que, purificados por el sacramento de la Reconciliación, se postrarán ante ese altar entre dos crepúsculos de las calendas de agosto.

No es posible oponerse al deseo de Francisco. Los frailes colocan al maestro en una camilla y dulcemente, para no lastimarlo, se disponen a bajar a la llanura.

Los habitantes de Asís se detienen reverentes al ver pasar el humilde cortejo, alguno cae de rodillas. Otros siguen silenciosamente con ojos aguanosos la camilla sobre la que yace Francisco, llevada con sumo cuidado por los frailes Menores.

Pálido, el Seráfico yace boca arriba; sus agotados ojos cubiertos ya por un velo de sombra miran con fijeza una levísima nubecilla que marca el candor de un ala; pero él no la ve, no puede verla. Solamente cuando el cortejo llega cerca del hospital de leprosos –allí donde él un día lejano venció heroicamente su repungnacia y se inclinó a besar las llagas de un infectado– parece recobrar una fuerza repentina, y ruega a los compañeros que lo giren para quedar frente a Asís. Levanta entonces la mano transververada para dar con la más suave de sus bendiciones el último adiós a su amadísima ciudad que reluce sobre la ladera del monte, bajo el límpido sol del atardecer septembrino:

–"Señor –reza– así como esta ciudad fue en otro tiempo guarida y lugar de gentes inicuas, así yo veo también que quisiste mostrar en ella tu infinita misericordia.

Por tu bondad, Señor, la elegiste como morada de cuantos te conocerán en la verdad, y darán gloria a tu nombre ofreciendo al pueblo cristiano ejemplo de buena fama, de santa vida, de verdadera doctrina y de evangélica perfección.

Te suplico, pues, Señor Jesucristo y padre misericordioso que no tengas en cuenta nuestra ingratitud sino acuérdate siempre de tu infinita piedad, que has demostrado a esta ciudad para que sea siempre lugar y habitación de aquellos que te conozcan verdaderamente y glorifiquen tu nombre bendito y glorioso por los siglos de los siglos. Amén".

El postrer saludo de Francisco de Asís a la ciudad que lo había visto desposar a madonna Povertà no puede ser más que una bendición.

Cae la noche del 3 de octubre de 1226. Un anochecer tranquilo, dulcísimo, perfumado. El cielo comienza a vestirse de estrellas; en los caseríos se levantan penachos de humo; alguna carreta retrasada va chirriando por la empinada subida de Asís, tirada por bueyes somnolientos. A lo lejos suena una campana y por Rivotorto se enciende la lumbre de un fogón... En torno al humilde techo de la Porciúncula silba un vuelo de alondras quedo, muy quedo para no turbar con el aleteo la santa agonía de Francisco. En expectación se hallan las creaturas de Dios que no saben cantar sino alto, muy alto, cerca del sol; su hermanito puro, el que las llamó "hermanitas" yace ahora, pobre cuerpo muriente, deshecho por la penitencia, sobre la tierra desnuda de su cabaña. Está cubierto apenas por el sayal de la caridad que el fraile guardián le ha prestado como limosna, aceptado bajo la condición de considerarlo no de su propiedad y por consiguiente no cedible a nadie puesto que no es cosa suya.

Es el extremo y pleno homenaje que el Seráfico ofrenda a madonna Povertà, delicadísima esposa a quien él se ha mantenido fiel en cada momento de su vida. Muere y no posee ya nada. Ni siquiera ese sayal y esa capucha que le han prestado por caridad para su agonía y que él ha hecho cubrir con ceniza.

Mas esa extraordinaria agonía es lúcida y plenamente consciente, y con infinita solicitud el pensamiento corre a su "primogénita", a la flor más cándida de su planta, a Clara. Bien sabe el inmenso dolor que para ella significa no poderlo ver más, no recoger su último suspiro. Pero ni siquiera tal extremo le permite violar la clausura, aun cuando la pálida abadesa hallaría la forma de arrastrarse, aun de rodillas, hasta Santa María de los Angeles para recibir de él la última bendición. Para consolarla, le envía con un hermano su piadoso mensaje: que se consuele ella y también las hermanas, ya que podrán verlo antes de que él desaparezca de sobre la tierra.

Francisco está dispuesto para la partida:

–He cumplido con cuanto me había propuesto, dice con un hilo de voz a los llorosos hermanos.

–Que Dios os ilumine ahora para cumplir con vuestra misión.

No puede faltar el más delicado rasgo de feminidad en la agonía de Francisco, ya que éste, por medio de Clara, ennobleció a la mujer. Llegada en previsión de la muerte inminente una fervorosa hija suya en la caridad, Giácoma de 'Settesoli, fray Jacoba como él suele llamarla, se encuentra de rodillas junto a él cubriéndose con las manos la cara bañada en lágrimas.

Ahora la voz de Francisco se eleva con las pocas fuerzas que le quedan para pronunciar el salmo de David como suprema alabanza de amor: "Voce mea ad Dominum clamavi..." "A voz en grito clamo hacia el Señor..."

La lamparilla da su último destello.

Luego silencio.

El doblar de una campana que anuncia el tránsito de Francisco vence la distancia. Clara, que vela llorando en su mísero camastro, oye y comprende. Ella es ahora la heredera del maestro. Sobre ella grava el magnífico y terrible peso de defender hasta la muerte a madonna Povertà, tan insidiada y tan vilipendiada.

Por su señora la Pobreza ella sabrá luchar y, ¿por qué no? también vencer. Pero que el Señor le conceda ver una vez más al dulcísimo padre, conforme a la promesa que le trajo un cumpungido hermano.

En la clausura no se duerme ya, ni es posible comer. Todos los corazones se encuentran dirigidos hacia la celda de la Porciúncula, donde se ora en torno al cadáver de san Francisco. La tensión de las damianitas está por estallar.

Todo el condado de Asís acude al funeral del Seráfico, de aquel que veinte años atras había sido apedreado como un leproso, como un demente, vituperado como el deshonor del rico mercader messer Pietro Barnardone. Esa dulcísima tierra, tan querida por Francisco y de la que dijo rebosando alegría: "Nihil vidi iucundius valle mea spoletana!" "¡Nada más deleitable he visto que mi valle espoletano!", está orgullosa de su santo y celebra su gloria inmortal.

El Pobrecillo deja para siempre su queridísima Porciúncula y el cortejo fúnebre, conforme a la expresa voluntad del Seráfico, llega al monasterio de San Damián.

Deshecha por su mal y sostenida por las hermanas, Clara se arrastra a la reja para contemplar, por última vez, a aquel que en la vida y en la muerte la ha precedido hacia la gloria de Dios. Lágrimas ardientes riegan su dulce rostro lívido, deshecho por la angustia mientras es irrefrenable el llanto de las damianitas que la rodean. Sólo ella sabe llorar sin emitir un sollozo.

A través de la reja el rostro de Francisco aparece blanco y sereno; hacia él se ha vuelto la bendición dada a fray León allá en el monte de la Verna, donde Cristo lo clavó visiblemente a su propia cruz: "El Señor te bendiga y te guarde, te muestre su rostro y tenga piedad de ti. Vuelva hacia ti su mirada y te conceda la paz..."

Las encendidas heridas de los estigmas parecen capullos de rosas carmesí sobre la palidez de las manos y de los pies. Clara las contempla devota y apasionadamente como contempla su crucifijo. ¡Con qué estremecido amor, ella que sabía preparó los finísimos linos para recoger las preciosas gotas de sangre! Ahora esas heridas resplandecen como rayos de sol en el paraíso.

Para que ella pudiera contemplar mejor los restos del maestro, se dice en el *Speculum* (Espejo de perfección), los frailes "levantaron de las parihuelas aquel santo cuerpo y lo sostuvieron en sus brazos frente a la ventana hasta que madonna Clara y las demás hermanas se consolaron, aunque muy apesadumbradas y afligidas por el dolor".

Más aún. Abierta completamente la reja, el cuerpo de Francisco entra por última vez en San Damián. Por última vez. Pero su espíritu permanece allí para fortificar aquel manojo de vírgenes que con la palabra y el ejemplo él ha llevado en seguimiento de madonna Povertà.

Luego el cortejo reemprende la subida entre antorchas y cantos, dirigiéndose a la iglesia de San Jorge en lo alto de la colina, allá donde el santo inició sus estudios, donde Clara lo oyó predicar y recibió la primera luz de su consagración a Dios, donde ahora dormirá él su sueño mortal hasta que esté dispuesto el glorioso sepulcro excavado en la roca viva como en un vivo corazón. Sepulcro cerrado en la estupenda basílica levantada con el oro de los emperadores, de los reyes, de los príncipes, de los grandes y de los humildes para honrar a aquel que no quiso otra vestidura que un raído sayal para cubrir su cuerpo, que no quiso otro lecho que la dura tierra ni otro techo que el cielo tachonado de estrellas.

Capítulo XVIII

"Ducissa Pauperum"
"La Capitana de los Pobres"

Ascendido Francisco a la gloria celestial, Clara capta en toda su hondura el valor de la mística herencia que él le ha dejado. Ahora le toca a ella ser la más fuerte defensora y la más fiel sierva de madonna Povertà tan insidiada, blasfemada y vilipendiada; le toca a ella ofrendarle una abundante mies de devotas discípulas que la hagan conocer, apreciar y amar.

Su enfermedad cada vez más grave la inmobiliza, y comienza entonces a enviar por el mundo a sus más valiosas discípulas para fundar monasterios en los que van a recogerse reinas y nobles, princesas y plebeyas que, revistiendo el mismo sayal se convierten en verdaderas hermanas y dan al mundo ejemplo de humildad, caridad, obediencia y pobreza.

La Regla de vida de los hermanos Menores, uncidos como ella a la misma disciplina, conforta y estimula a Clara. Así como su hermana Inés fue enviada por Francisco a fundar el monasterio de Monticelli en Florencia, ella envía a su sobrina sor Balvina a fundar el monasterio de Arezzo, a sor Pacífica a Vallis Gloriae, y a otras a Perusa, Terni, Espoleto, Volterra, Pisa, Bolonia, Cremona, Verona y Venecia, para que comiencen a dirigir monasterios de estricta clausura y pobreza. De suerte que el cardenal protector de la Orden, Reinaldo dei Segni, futuro papa Adriano IV, pudo en 1228 enumerar veintitrés conventos de clarisas.

Son los sarmientos de la primera plantita de San Francisco en San Damián, que brotan en la pureza cristalina de su santidad. Urgen los preparativos del rito de la canonización del Pobrecillo y Clara arde en el deseo de poder ver, antes de morir, al dulcísimo padre elevado del martirio de la penitencia a la gloria de los alteres.

En 1228, dos años después de la muerte del Seráfico, se entera de que el pontífice Gregorio IX, con toda la Curia romana, está por llegar a Asís para declarar allí la exaltación de Francisco, y la suave abadesa siente que su corazón estalla de celestial felicidad.

El se encuentra allá, en su gélido sepulcro de tierra, oculto a los ojos de los hombres pero no a los de Clara. Ella lo ve. Ve a su padre y maestro reposar en paz con los brazos cruzados sobre el pecho sobre el raído sayal, sonriendo aún felizmente a la hermana muerte. Y milagrosamente ve también cómo se va levantando la estupenda basílica que celebra por los siglos la gloria del hijo de Pietro Bernardone.

La expectación de Clara es anhelante. ¡Pero cuál no será el estupor de su incomparable humildad al oír que el pontífice en persona se dignará detenerse en San Damián para visitar a las primeras hijas espirituales de san Francisco!

Dice la *Leggenda,* Leyenda:

"Habiendo pasado unos días en Espoleto para informarse de los asuntos de la Iglesia, el Papa, acompañado por los venerables cardenales, se llegó benignamente a las siervas de Cristo, muertas y sepultadas para el mundo. Tanto su santa vida cuanto su altísima pobreza los conmovieron hasta las lágrimas, excitándolos al desprecio del siglo y a la honestidad de la vida. ¡Oh amable humildad que haces eficaz toda gracia! El primado de toda la tierra, el príncipe sucesor de los Apóstoles visita a las Damas pobrecillas y se acerca a las despreciadas y humildes enclaustradas con una humildad inusitada aunque justa y con un ejemplo nunca visto en los siglos pasados".

No. Nadie puede imaginar la serena e infinita pobreza del refugio que es el palacio de Clara. Parece casi un milagro que las pálidas enclaustradas puedan soportarla sin desfallecer o morir.

Acogido con la más profunda devoción el pontífice entra en el claustro, como quiera que para él no existe prohibición de cruzar la clausura, y con indecible estupor contempla el misérrimo lugar en el que viven esas juventudes tonsuradas.

El pavimento del oratorio está formado por losas disparejas y junto a las paredes unos sitiales primitivos. Hay un atril alto en el que la abadesa coloca el libro del Oficio divino; una ventanita por la que en primavera se asoma algún ramo de clemátidas azules o un manojo de glicíneas color amatista, pero por cuyos vidrios mal ajustados se cuela en invierno el silbido siniestro del cierzo y con frecuencia el ligero polvillo de la nieve.

La angosta escalera de peldaños gastados que por tantos años ha visto a Clara bajar de puntillas cuando en el cielo brillan todavía las estrellas, llevando su opaca lamparilla de aceite, a veces descalza para no despertar a las hermanas antes de que suene el toque para maitines, esa escalerilla empinada e insegura conduce al piso en el que duermen las hermanas. No hay en éste ni celdas, ni camas, ni sillas, ni esteras, es un dormitorio con techo de vigas y jergones de paja sobre los que no se ve ni una delgada manta.

Sobre las mesas del refectorio unos pedazos de pan y, para celebrar la solemnidad, platos con un poco de sopa de hierbas.

Nada de vasos ni de manteles.

Las hermanas andan descalzas; las más ancianas, que por muchos años han vestido la misma túnica, la llevan recosida o remendada. La más miserable es la de Clara, al grado de que las hermanas mismas se duelen al ver a la dulce abadesa vestida como una pordiosera.

Es una visión de inaudita humildad, de magnífica enseñanza.

Los cardenales del séquito pontificio, habituados a la suntuosidad de la corte romana, se quedan estupefactos; pero no Gregorio IX, el otrora cardenal Hugolino, protector y amigo de Francisco cuyo ideal de pobreza él había defendido. Con todo, la estrechez del monasterio es tal, las caras de las hermanas tan afiladas y pálidas y su indigencia tan visible que el Papa, no sorprendido sino conmovido, propone a Clara mitigar la aspereza de esa existencia imposible.

Pero Clara, arrodillándose a sus pies, responde con voz firme:

–Beatísimo Padre, absolvedme de mis pecados, pero no me pidáis renunciar a la santa pobreza.

El pontífice insiste:

–Si temes por el voto que has hecho, te absolvemos de él.

–Padre, replica la seráfica, de ninguna manera deseo ser absuelta del seguimiento de Cristo.

Gregorio no dice más. La voluntad de una santa se impone a la suya; la comprende y la respeta.

En el refectorio donde la hermana despensera ha preparado los panes sobre la tosca mesa, Clara pide al pontífice que bendiga ese pobre y único alimento de las hermanas. El la mira y sonríe. No desconoce la virtud taumatúrgica de Clara, que recientemente ha curado de la locura con la sola señal de la cruz a un cierto fray Stéfano de la Orden de frailes menores, enviado por Francisco, y quiere ponerla a prueba. Y le ordena, bajo obediencia, que ella misma bendiga el sencillo pan, amasado con harina de la caridad por las manos de las damianitas.

Clara no puede eximirse. Orando en su corazón levanta las manos con gesto lento y solemne, como si en verdad quisiera imprimir en el aire la cruz de Cristo. Está toda ella recogida en muda invocación...

Le responde un murmullo de estupor de parte de las compañeras, de los prelados y del pontífice mismo. Porque al ir ella pronunciando las palabras, sobre cada pan se graba de repente una cruz.

Ante el prodigio palidecen todos, incluso ella que humildemente se agacha hasta el suelo para besar el pie del vicario de Cristo.

Con corazón fraternal Gregorio IX vela por la religiosa de San Damián; demasiado la ha seguido a ella y a Francisco en este admirable camino hacia la completa renuncia a todo terreno bienestar como para no dejar que su espíritu se perfeccione y para no sostenerla en su vida.

Siendo cardenal y obispo de Ostia le había escrito: "Hugolino cardenal y obispo de Ostia a pesar de su indignidad, se encomienda humildemente a la venerable Clara, sierva de Dios, amadísima hermana y madre en Jesucristo, y le encomienda cuanto es y podrá ser..." Y una vez elevado a la dignidad pontificia, de nuevo se acoge a las oraciones de Clara, porque ella es muy grata al Señor y el Señor tiene los ojos fijos en el humilde convento de San Damián, donde florecen como lirios las silenciosas hermanas. Y ante ellas el pontífice se humilla en la humildad que hace iguales a pequeños y grandes delante de

Cristo, y fraternalmente se encomienda a sus oraciones cuya eficacia a los pies del Altísimo él bien conoce:

"Hallándonos convencidos de vuestra unión con Dios, os conjuramos que Nos recordéis en vuestras oraciones y continuamente elevéis vuestras manos puras al Señor para que se apiade de Nos, enmedio de los innumerables riesgos que amenaza nuestro pontificado y para que acuda en auxilio de nuestra debilidad y nos conforte en virtud, de manera que administrando fielmente el oficio que se nos ha confiado, podamos procurar la debida alabanza al Señor, la alegría a los ángeles, la gracia a Nos y la felicidad de la vida eterna a todos los hijos de la santa Iglesia".

Ante la autoridad espiritual de Clara, "plantita primogénita de fray Francisco", se inclina también la autoridad del vicario de Cristo. Es ella dulcísima, humilde y obediente; pero cuando se trata de menguar en cualquier forma su entrega a la Regla de vida, Clara encuentra en sí la más firme energía para defenderla y salvarla.

Dice la *Leggenda*, Leyenda:

"En el monasterio no podía ser mayor la observancia del silencio ni más perfecta la honestidad. No tenía cabida aquí la locuacidad que revela afectos inestables y vanos porque la gran maestra Clara, parca en palabras, sabía expresar breve y concisamente la abundancia de su pensamiento. Proveía a sus hijas del alimento de la palabra divina, cuya mejor parte de ella aprovechaba, mediante fervorosos predicadores".

Cuando el papa Gregorio prohibió en una ocasión que ningún fraile fuese a los monasterios sin licencia, doliéndose la piadosa madre de que muy raramente pudiesen las hermanas recibir el pan de la santa doctrina, le escribió llorando: "De aquí en adelante quítensenos todos los frailes, ya que se nos han quitado aquellos que nos daban el sustento de vida". Y de inmediato rechazó a los frailes, "no queriendo tener quien mendigase para ellas el pan corporal cuando les faltaba el pan espiritual".

El pontífice comprende, y levanta la dolorosa prohibición.

Capítulo XIX

Las discípulas

Los sufrimientos físicos de Clara se agudizan de día en día pero ella, heroicamente, trata de ocultarlos bajo su habitual serenidad para no contristar a sus hijas, ya preocupadas y afligidas al verla declinar y perder poco a poco sus mejores fuerzas.

Contra tamaño mal ella opone el baluarte de una santa y firmísima voluntad. Es preciso que ella propague por el mundo el ideal cristiano de Francisco; es preciso que las ramas del árbol produzcan múltiples y sabrosos frutos.

Desde su camastro y desde su clausura que parece impedirle toda acción exterior, casi por milagro ella sigue el movimiento ascendente de la segunda Orden de las Pobres Damas.

"El humilde yugo" logra uncir a magnánimas hijas.

Un día feliz le llega la noticia del precioso regalo ofrecido por Dios a madonna Povertà, con la tonsura de la encantadora hija de Ottocar rey de Bohemia y de Constanza de Hungría, la rubia princesa Inés que fuera prometida del emperador Federico II.

El rebelde pupilo del papa Inocencio III, el asaltante de san Damián no merece unirse en matrimonio a una creatura que Jesucristo ha elegido para sus místicas nupcias, mucho más altas y regias que las terrenas.

La fama de San Francisco no es desconocida a Inés: cantan sus alabanzas los frailes Menores llegados a Praga tras un largo camino bajo el sol que asa, la ventisca que congela y el viento que ensordece. Y puesto que predican ellos mansedumbre y pobreza por las plazas públicas, Inés se confunde con la gente para escuchar su palabra encendida, eco de la palabra del Pobrecillo de Asís. Por estos humildes peregrinos que no llevan ni bastón ni morral ella se entera del lejano refugio de San Damián, en el que tiempo hace se ha retirado la más bella noble de Asís renunciando a todo bien, distribuyendo a los pobres el importe de sus tierras, de sus atuendos magníficos y de sus joyas resplandecientes para vestir el más miserable sayal que jamás haya cubierto el cuerpo de mujer alguna.

Nada posee sor Clara y nada quiere poseer; pero su extrema pobreza es serena, su oración es como fuente inagotable, y en su huerto florecen las más lindas rosas de mayo para el altar de la Virgen María. La pálida abadesa sirve al Señor en la alegría más luminosa.

Inés escucha y en ella se enciende una viva llama. La belleza y la santidad de una nueva vida moldeada en la purísima vida de Clara la atraen irresistiblemente. La hija del rey se convertirá en la sierva del Rey de los reyes; habituada a los cortejos reales de espléndidas armaduras centelleantes y de estandartes bordados que flamean al viento, ella verá solamente las celestiales cohortes de arcángeles que deslumbrantes circundan con inigualable esplendor el trono de Dios; acostumbrada a caminar sobre mullidos tapetes de púrpura, se descalzará para hollar con los pies desnudos el gélido pavimento del monasterio.

Nada la turba, nada la detiene. Con cuanto recaba de la venta de sus haberes funda un hospicio-hospital para los pobres y enfermos, construye el monasterio de San Salvador y se recluye en él con otras amigas de sangre real, arrastradas por el ímpetu de su entusiasta ejemplo.

Pero a la joven fundadora le hace falta la luz de una guía y de una enseñanza. ¿Y qué luz más fúlgida y más segura le puede venir si no es la palabra de Clara? Devotamente le escribe, profesándole fidelidad y obediencia; y la dulcísima madre, exultante por esta nueva discípula de maddona Povertà, le responde bendiciéndola y elogiándola por haber despreciado los honores del trono y haberse dado toda entera a Aquel que dijo: "Quien me ama será amada por mi Padre. Iremos a él y en él estableceremos nuestra morada".

¡Palabras admirables las de Clara! Le escribe ella a Inés de Bohemia:

"Hija, tiende a aquella perfección a la que te ha destinado el Espíritu de Dios; virgen pobrecilla, confíate a Cristo pobre, confíale que así como él se hizo objeto de desprecio, así te harás tú despreciable a los ojos del mundo para seguir su ejemplo. Tu esposo, el más bello de los hijos de los hombres, se hizo por ti oprobio de los hombres; fue flagelado y clavado en la cruz y murió entre horribles espasmos. Comprende, oh reina, estas enseñanzas y enciende tu corazón en el deseo de imitarlo. Serás glorificada si sufres con Cristo; si con El lloras te alegrarás con El; si con El te extiendes en la cruz vivirás eternamente con El en el reino de luz donde moran los santos. Y tu nombre será inscrito en el libro de la vida y será glorioso por siempre".

Entre el monasterio de Praga y el de San Damián se establece una profunda y espiritual correspondencia de la cual no quedan, como documentación, más que cuatro cartas de Clara. Cartas que son un himno de amor y de solicitud por esas sus lejanas hijas y hermanas en la pobreza:

"¡Bienaventurada pobreza que vales eternas riquezas para quienes te abrazan! ¡Santa pobreza cuyo solo deseo nos hace prometer del Señor la eterna gloria de los cielos! Los hombres están ávidos de comodidades, honores y riquezas; las zorras tienen sus madrigueras y los pájaros su nido, pero el Hijo del Hombre no tiene dónde posar su cabeza".

Clara vibra toda entera al escribir estas admoniciones a quien ha cambiado el trono por la cruz de Jesús, y las recoge Inés con humildad y fe, confiada en la madre sabia y pura.

Cuando en 1234 es Inés elevada al cargo de abadesa por voluntad del pontífice se halla un tanto confusa por el nuevo oficio. Es menester que Clara la aconseje y la aliente. Y Clara la conforta y la aconseja:

"Por amor de aquel Dios a quien te has ofrendado en sacrificio de agradable olor, escribe la santa de San Damián, ten presente tu vocación y como otra Raquel nunca pierdas de vista tu punto de partida; conserva los resultados ya obtenidos, lo que haces hazlo bien sin contentarte nunca con el presente, antes apresúrate con el paso ágil de aquellos que parecen temer que el polvo de la calle retrase su camino en la dulcísima vía por ti elegida, no creyendo ni aceptando nada de cuanto podría alejarte de tu propósito o entorpecer tu ascensión. Debes tender hacia aquella perfección a la que te ha llamado el Espíritu de Dios. Virgen pura, acércate a Cristo pobre".

En estos fragmentos de cartas se revela todo el corazón de Clara, cuya solicitud supera las distancias para llegar a la hija lejana y animarla y consolidarla en la fe.

Pero Inés de Bohemia es ferviente discípula y tan grande amor profesa por el privilegio de pobreza y con tanto escrúpulo observa a la letra las prescripciones rigidísimas de la Regla en cuanto a penitencia y oración, que Clara misma, al tener de ello conocimiento, debe intervenir con su autoridad para moderarla.

"Nuestro corazón no es de bronce, le escribe, ni son de piedra nuestras fuerzas; somos débiles, sujetas a la debilidad de la naturaleza. Por ello te suplico en nombre de Dios que moderes el excesivo rigor de tus abstinencias cuyo eco me ha llegado, para que poniendo en el Señor tu vida y tu esperanza, le rindas un racional homenaje y tu holocausto esté condimentado con la sal de la prudencia".

Así sugiere Clara a Inés moderación y prudencia en las largas cartas monitorias que ella le envía mediante "mensajeros" que "son nuestros queridísimos hermanos fray Amado, predilecto de Dios y de los hombres, y fray Bonagura, a quien recomiendo a tu afecto".

Mas cuanto sugiere a las hermanas y a Inés de Bohemia en especial, Clara, juzgándose inferior a ellas, no lo aplica a sí misma ni escatima penitencia alguna a su pobre cuerpo ya cruelmente minado por el mal.

Sólo que Inés no debe saberlo; la santa fundadora lo sabrá al ingresar en la gloria, en 1283, treinta años después de la muerte de Clara.

Gratísima también al corazón de la damianita es Isabel, Landgravina de Turingia, piadosa bienhechora de enfermos y pobres quien, ceñida con el cordón de terciaria franciscana, muere a sólo 24 años de edad, tras haber sufrido infinitas injusticias y desventuras.

Un milagroso florecimiento que va brotando por el mundo entero, una incomparable fragancia de sacrificio y de virtud. Es el rosal prodigioso que no tiene espinas...

Otras jóvenes acuden a Clara. La nobilísima Hermentruda de Colonia, una piadosa virgen que, aterrorizada por la visión que tuvo de su padre pecador que aullaba en el más profundo horror del infierno, y de su piadosa madre que gozaba de la gloria de los bienaventurados, escucha una voz que le aconseja darse a una vida de penitencia si quiere salvar su alma, parte de su ciudad con una amiga y se va a Brujas. Construida aquí una celda en un lugar consagrado a San Bavón, se retiran a ella durante doce años orando, socorriendo a los pobres y curando a los enfermos hasta que, iluminadas por su ejemplo, se les suman otras jóvenes quienes a su vez construyen sus propias celdas con piedra y lodo. Se forma así un pequeño y fecundo colmenar, y por lo tanto es necesario dar una Regla de vida a las industriosas abejas del Señor.

Hasta la silenciosa ciudad de Brujas, donde en las aguas del oscuro lago se reflejan los pálidos plenilunios, se han aventurado los frailes errantes de san Francisco. Por ellos Hermentruda llega a conocer la virtud de Clara e inmediatamente le envía un mensaje devoto al que Clara responde:

"Clara de Asís, humilde sierva de Jesucristo, a la queridísima Hermentruda salud y paz. He sabido, queridísima hermana, cómo con la gracia del Señor tú has renunciado al mundo y experimentado así la mayor de las alegrías; estoy maravillada por tu generosa resolución y por el inimitable fervor con el que recorres la vía de la perfección en compañía de tus buenas hermanas.

Te suplico que permanezcas fiel hasta la muerte al divino esposo al que te has consagrado, y te aseguro que en premio de tus fatigas recibirás un día la corona de la inmortalidad".

Es la mujer fuerte que comunica fuerza y luz para sostener y animar a esas vírgenes destinadas a glorificar a Dios con la castidad perpetua, con la continua oración y con la penitencia constante. Y remacha con firme amor la advertencia hecha a la discípula de Brujas:

"Desempeña tu ministerio viviendo en una absoluta pobreza y en humildad sincera. Ningún temor te arredre a mitad del camino porque, hija, el Señor es fiel a todas sus palabras y santo en todas sus obras. El hará llover sobre ti y sobre tus hermanas la abundancia de sus bendiciones. El será tu escudo, tu confortador y rendentor y tu recompensa en la eternidad".

¡Pobreza, pobreza! Es el punto capital de la perfecta vida franciscana sobre el cual insiste la maestra, más aún que sobre el de la oración, porque la renuncia a todo bien terreno, por amor e imitación de Jesucristo, es por sí misma, quizá, la más hermosa forma de oración.

Capítulo XX

Por la señal de la cruz

Suavísima en su humildad y reputándose la más miserable e inútil de las creaturas, la más indigna de las siervas de Dios, Clara no puede tener, como de hecho no la tiene, conciencia del alto grado de perfección a la que ha llegado, hasta el grado de poseer la incontestable virtud de taumaturga por particular gracia de Dios.

Vive ella, sin darse cuenta, con una perenne aureola de milagro. Su vida misma de cada día y de cada hora es un milagro. En torno a ella y en ella misma florece el prodigio como florecen en el álgido invierno, sobre los espinos cubiertos de nieve, las rosas encarnadas del paraíso.

Tratando Clara una noche de cerrar el alto y robustoso portón del monasterio, se desprende éste de repente sobre ella y la aplasta bajo su terrible peso. Sor Angeluccia da Spoleto que se halla por todas partes, horrorizada por el ruido, prorrumpe en agudísimos gritos pidiendo desesperadamente auxilio.

Acuden las hermanas muertas de espanto, y viendo el portón por tierra y asomarse por debajo una punta del sayal de Clara la dan por muerta y entre sollozos, invocaciones y lamentos se esfuerzan afanosamente por librarla del peso que la inmoviliza. Son insuficientes las fuerzas de todas ellas y bastan apenas las de tres frailes que han acudido, para levantar con dificultad el pesadísimo maderamen. Cuando tras inauditos esfuerzos se ha removido el portón y temblando de horror las damianitas temen ver el pobre cuerpo destrozado en un charco de sangre, Clara se incorpora sin más, sonriente y sin ningún rasguño.

Atónitas, las hermanas prorrumpen en exclamaciones jubilosas y casi incrédulas y en medio de la repentina alegría no saben si llorar o reír; pero la santa madre, consolándolas del susto padecido, les asegura no haber sentido ningún dolor y mucho menos el peso del portón reforzado con fierro, que para ella era menor que el de su raído manto.

Ninguna maravilla ni orgullo alguno de su parte ante el prodigio. Es Cristo quien la vigila y custodia porque ella se ha abandonado a El como la vela se abandona al viento que la impulsa dulcemente a la deriva. Todo es posible a Jesús: aun hacer que los montes se muevan y que hablen las piedras, aquietar con una señal el furor del océano, detener el curso de los astros y convertir a una creatura en animadora y taumaturga.

En la pobreza de San Damián, donde con frecuencia faltan el pan y el aceite y donde la única riqueza es la oración que traspasa los rústicos muros para difundirse por todo el mundo, no se tienen ni siquiera medicinas. No importa. Está Clara, está su pálida mano que se ha hecho tan diáfana y espiritual que con la señal de la cruz de Jesús puede realizar aquello que la ciencia humana sería incapaz de llevar a cabo.

Sor Amada hija de messer Martino da Corcorano yace enferma. La hidropesía la tiene clavada a su camastro; una tos obstinada le sacude el pecho y un agudo dolor en el costado la hace gemir sin descanso. Cuán ajena de esta deformada creatura es la jovencita que en una lejana primavera bajó cantando por el sendero tachonado de flores para comunicar a Clara el gozoso anuncio de su boda inminente. A partir de ese día el portón de San Damián se cerró herméticamente tras ella, y permaneció en la pobreza al lado de la bienaventurada abadesa, mientras sus preciosas vestiduras nupciales yacían en el cofre como cosa inútil, y las flores cortadas para ella en los más perfumados jardines de Umbría se ajaban enviándole, como postrer adiós, su última y exquisita fragancia.

Ahora Sor Amada sufre y las damianitas tiemblan por su vida. La fiebre altísima le produce un insoportable ardor; el dolor del costado no cesa y ni siquiera le es posible cambiar de posición porque su vientre de hidrópica le impide todo movimiento. Tan hinchada está que apenas puede doblar la cabeza.

Clara está apenadísima por ella. Es necesario curar a Sor Amada.

Lentamente, humillándose a la voluntad del Señor, levanta la mano sobre ella y traza la señal de la cruz mientras sus labios recitan quedamente el Padre nuestro... Hágase tu voluntad. Y la voluntad de Dios se pliega a la plegaria de la trémula madre. El terrible edema desaparece; desaparece la tos, desaparece la fiebre y desaparece el implacable espasmo del costado. Tras largos trece meses de atroz enfermedad sor Amada se levanta ya sana, liberada también espiritualmente del mal que ha sabido soportar con inigualable resignación.

Está el caso de madonna Diambra, atormentada por una enorme fístula bajo el brazo. La llaga purulenta es tan profunda que casi puede entrar en ella el puño. Durante doce años la hermana ha sufrido este horrible mal aceptándolo como una necesaria penitencia, ocultándolo con timidez y quizá llorando de dolor en su jergón cuando las hermanas duermen ya cansadas y con su pesado sueño no la pueden oír.

También Clara está enferma y adolorida, pero su piedad es más grande que sus dolores. Se levanta fatigosamente del duro camastro, y haciendo una seña a Benvenuta para que la siga, va a la capilla a arrodillarse ante el Santísimo Sacramento que ella custodia con infinito amor, y le pide la posibilidad de liberar de los espasmos a esa su atormentada hija que llora calladamente a su lado.

Es el Señor quien la curará, no ella. Santiguándose con una amplia señal de la cruz se levanta y luego repite la señal sobre sor Benvenuta, y todos los tormentos cesan de improviso.

El pus virulento se ha ido y la llaga maloliente se cierra. La enferma está curada y puede olvidarse de haber padecido por tanto tiempo aquel violentísimo mal.

Hay otra Benvenuta, aquella pequeña que tal vez hospedó a Clara de cuatro años en Perusa cuando la familia de messer Favarone se ausentó de Asís en voluntario exilio para sustraerse a las terribles y continuas luchas citadinas; Benvenuta, que la siguió joven en la clausura y que ahora ha perdido la voz al grado de no poder hacerse oír.

Padece horriblemente desde hace dos años. Pero en la noche del 15 de agosto, festividad de la Asunción de María, que se celebra muy especialmente en San Damián, sor Benvenuta ve en sueños que la abadesa traza sobre ella su taumaturga señal de la cruz, y de repente prorrumpe en alabanzas agradeciendo al Señor.

¿Sueño o vaticinio?

Brilla todavía en el cielo la estrella del alba y ya está Benvenuta arrodillada junto al camastro de Clara suplicándole a señas que la bendiga. Pálidamente sonríe la Seráfica y fijando la vista en el pedazo de cielo en el que palpita el astro matutino, joya del azul enmarcada por la ventanita del dormitorio, pide una vez más a Dios el prodigio.

En el nombre del Padre, y del Hijo y del Espíritu Santo. Amén.

Sor Benvenuta puede cantar maitines en el coro.

Y está sor Cristiana hija de messer Cristiano de' Parisse que ha perdido el oído de un lado. Poco a poco se ha ido agravando su sordera. De nada sirven las pretendidas virtudes de las hierbas medicinales, ni las cataplasmas de harina ni las unciones de aceite caliente con ramitas de romero que Clara misma le aplica. Ya no vibra más ese tímpano. Y entonces Clara, orando, signa esa cabeza con su bendición.

Sor Cristiana ha sanado.

Y Además sor Balvina, hija de messer Martino da Corcorano, que tiempo hace sufre de un abceso en el muslo y es atormentada por violentísimas fiebres. También ella se las arregla para esconder su mal, pero una noche no resiste y de modo lastimero comienza a quejarse. Clara la oye; inquieta se levanta y aunque poco la sostienen sus debilitadas energías se arrastra hasta ella. Conocido su mal se quita el velo de la cabeza, cubre con él la pierna adolorida y traza sobre la enferma el signo divino. El dolor desaparece inmediatamente y sor Balvina, agotada por el mal padecido y por tantas noches de insomnio, se adormece como una niña mientras Clara, más humilde aún por su virtud curativa, desdeñando su camastro va a postrarse ante el sagrario para dar gracias al Señor.

Y Sor Andrea de Ferrara, atormentada por "escrófulas en la garganta". Cierta noche, no aguantando más su horrible sufrimiento, se aprieta de tal manera la garganta con sus propias manos que queda sofocada. Yace ella en el dormitorio de abajo y nadie tal vez se dará cuenta de su acción imprudente.

¿Nadie?...

Se engaña.

Está Clara a cuyo vigilante espíritu nada se escapa de cuanto aun ocultamente sucede en San Damián. De improviso despierta a sor Felipa que duerme cerca de ella.

–Corre, hermana, al dormitorio de abajo, porque sor Andrea está muy mala. Caliéntale un huevo y dáselo a beber, y en cuanto pueda hablar tráemela aquí.

Sor Felipa obedece de inmediato. La enferma se rehace, respira y sigue a la hermana hasta donde está la abadesa, la cual le pregunta con dulzura pero con energía qué cosa ha tratado de hacer.

La interrogada palidece y calla. Es Clara entonces quien la revela, gesto por gesto lo que ha hecho, como si hubiera estado presente junto a ella. Sor Andrea prorrumpe en sollozos y las hermanas que han oído se miran unas a otras maravilladas.

Otra vez, habiendo caído enfermas al mismo tiempo "cinco hermanas del monasterio –testificará Pacífica di Guelfuccio– santa Clara hizo sobre ellas la señal de la cruz con su mano, e incontinenti todas fueron liberadas".

Aún hay más.

Está el hijito de messer Giovanni di maestro Giovanni, procurador de los conventos franciscanos, víctima de una continua y altísima fiebre. Fiebre que no se logra vencer, no obstante las curaciones y los costosísimos fármacos de los médicos de Asís que lo atormentan con toda clase de tentativas con resultados vanos. Parece que el chico no sanará nunca y la desolación de sus familiares ha llegado al colmo, cuando piensan en aquella que en San Damián goza de fama de santidad y de virtudes taumatúrgicas. Es preciso llevarle al niño que está a punto de morir.

Aparece ella con el rostro blanco tras la menuda reja de la clausura. Compadecida por el llanto y las súplicas de los desconsolados padres, de nuevo pide fervientemente a su Dios que la asista y la escuche. Se ve cómo su mano se eleva, cómo va hacia la izquierda, luego a la derecha. En el gesto solemne Clara aparece más augusta, más inmaterial. El niño abre los ojos y sonríe; de su cara desaparece el encendido rubor de la fiebre, su respiración se hace tranquila y como pajarillo feliz de recobrar la libertad escapa de los brazos que lo sostienen.

Otro niño de cuatro años le es traído de Espoleto, se llama Matiolo. Al jugar con piedritas, por broma o por desgracia se ha metido una en la nariz y de ninguna manera se le puede extraer, con lo que corre grave peligro de ahogarse. Hay que llevárselo a Clara. Clara es santa y lo liberará.

Es largo el camino de Espoleto a Asís, pero la fe sostiene a los padres del enfermito y no se tranquilizan hasta que se lo presentan a Clara que sonríe benignamente tras la reja de su clausura... "En el nombre del Padre, y del Hijo, y del Espíritu Santo... Amén".

Sin dolor alguno la piedrecilla cae de la naricita obstruida. Conmovidas bendiciones se levantan para agradecer a Clara, pero ella no las oye. Ha desaparecido velozmente para ir a bendecir al Señor que ha querido, en ella, realizar un acto de amor hacia aquella creatura que se estaba muriendo.

Ahora junto a Clara se encuentra su madre terrena, madonna Ortolana. También ella ha venido con su tercera hija, Beatriz, a tomar el velo en San Damián, compartiendo la clausura con Clara que era hija de su carne y ahora es madre de su espíritu y superiora en el convento. Grande es la alegría de la damianita al ver a su lado a seres tan queridos y para los cuales ha siempre guardado en su corazón un cálido lugar. Sólo Inés se halla lejos; lejos pero cercana en la misma fe.

Sobra decir de cuánto amor y cuánto respeto rodea Clara a madonna Ortolana, ahora casi anciana pero todavía fuerte y decidida a soportar la penitencia y el ayuno que su santa hija observa conforme a las reglas "y forma de vida de la Orden de las hermanas pobres. La cual consiste en observar el santo Evangelio de nuestro Señor Jesucristo viviendo en obediencia, sin cosa alguna propia, y en castidad".

Para la abadesa Clara, madonna Ortolana es con todo la piadosa madre que tal vez, sola entre todos, no lloró al hallar en una lejana noche de primavera su lecho vacío, porque ya sabía que la creatura nacida de ella, según la profecía, habría de ser "una luz que iluminará todo el mundo".

La lámpara llena de aceite puro se había encendido en la iglesita de la Porciúncula y nunca habría de extinguirse.

En otra ocasión es llevado a San Damián un niño de Perusa, con un ojo cubierto por una mancha, para que Clara lo cure. Está claro que la fama de su virtud taumatúrgica ha sobrepasado no sólo los muros del monasterio sino de la tierra de Asís, y su humildad se sacude.

No. No será ella quien realice el nuevo prodigio. Si Dios lo quiere, otra mano trazará sobre el niño la señal curativa.

Silenciosamente ella lo bendice en su corazón y luego añade: –Llevadlo a mi madre, sor Ortolana, y que ella haga la señal de la cruz sobre él.

Basta.

La mancha desaparece inmediatamente del ojo del niño y entre madre e hija surge una encantadora competencia de humildad, ya que la una atribuye a la otra el milagro alcanzado.

Capítulo XXI

En el Gólgota

Así como Jesucristo nuestro Señor marcó a Francisco con sus cinco llagas en la incandescente visión del monte de la Verna, así quiere ahora crucificar a Clara con el martirio de veintinueve largos años de enfermedad.

Su rostro suave se hace más afinado; el cuerpo un día floreciente con lozana juventud desaparece bajo la pobre túnica que es un mosaico de costuras y remiendos: "un tejido de parches cocidos unos sobre otros que no se pueden contar", escribirán más tarde las conmovidas clarisas a las hermanas pobres de Marsella.

Nada es sin embargo su sufrimiento cuando ella contempla el Crucifijo, del que saca enseñanzas y fuerzas, con sus dulcísimos ojos azul cielo resplandecientes de lágrimas.

Adora las heridas del Redentor que ha podido ver vivas y palpitantes en los miembros del santo Padre Francisco, y en la hora entre sexta y nona –o sea entre medio día y las tres de la tarde–, hora de la agonía de Jesús, repite con profunda compunción el Oficio divino de la santísima cruz, como le ha enseñado el Seráfico. Y para conservar mejor en su carne virginal el recuerdo vivo de las llagas del Salvador, añade al ya áspero cilicio una cuerda con trece nudos.

Considera ella su cuerpo exhausto y lastimado tan sólo como un medio de expiación, como objeto necesario para una continua y cruel penitencia purificadora. Quizá tan sólo los santos ermitaños de la Tebaida, macerados por el ayuno, podrían comprender el sentimiento de Clara que querría en sí salvar del pecado a toda la humanidad.

Pero si no puede ni quiere tener indulgencia consigo misma en el rigor de la penitencia, es por el contrario "muy misericordiosa con las hermanas que no podían sufrir esa aspereza y benignamente las consolaba".

Su existencia no es otra cosa que una continua oblación de maravillosa pasión. Ella misma parece perpetuarse en la pasión de Cristo.

Atardece el Jueves santo, día admirable en el que el Salvador abrió los cielos a la humanidad con la institución de la sagrada Eucaristía y Clara, encerrada en su celda de enferma, medita llorando las palabras de Cristo: "Tristis est anima mea usque ad mortem": "mi alma está triste hasta el punto de morir".

Ella revive sufriendo toda la divina tragedia.

Su espíritu se aleja en éxtasis. Se encuentra a la mesa de Cristo que pronuncia las palabras de salvación y parte el pan de vida con sus discípulos y bebe con ellos del mismo cáliz, mientras el traidor lo mira con ojos torvos. Sigue a Cristo en la desolada soledad del Huerto de los Olivos, consciente de su martirio, abandonado y desatendido de sus discípulos fieles. Oye la voz dolorosa que se somete a la voluntad del Padre que no aleja de él el cáliz amargo. Ve acercarse la figura horrible de Judas a la dulce persona de Jesús, admirablemente bello en su completa aceptación del sacrificio; ve la soldadesca bien armada que acecha en la oscuridad, pronta para precipitarse sobre aquel que podría reducirla a cenizas y que, por lo contrario, se deja dulcemente aferrar apenas la perversa e impura boca ha rozado su joven mejilla divina. Lo ve ser arrastrado entre gritos y blasfemias, seguido de lejos por los atónitos Apóstoles que no saben cómo defenderlo; lo ve convertido en ludibrio de aquel pueblo que lo aclamara en Jerusalén cubriendo su camino con palmas y flores, que va a gritar "Crucifícalo" tras haberle gritado "Hosanna". Ve el ambiguo acto de Pilatos y la torpe comparación con Barrabás; oye los terribles y lacerantes golpes de la flagelación que ensangrentan su cuerpo tembloroso atado a la columna; ve los hilos de sangre que brota de la frente sobre la que se le encaja, entre diabólicas risotadas, la corona de agudísimas espinas, diadema de un Dios. Va tras él por la tormentosa vía del Calvario, encorvado, anhelante, enrojecido por la sangre de incontables azotes. El, Jesús, el más bello de los hijos de los hombres; El, el triunfador de los cielos, el dueño del universo, trastabilla bajo el enorme peso de la cruz mientras dirige de vez en cuando, a través del velo de sangre y de lágrimas que oscurecen sus ojos, una mirada de profundo amor a su purísima madre que pálida, sin llanto y sin voz le está cerca en la mortal caminata, con el corazón que le pesa en el pecho como piedra de molino. ¡Qué largo, tremendo y fatigoso es el camino del Gólgota!

En un dado momento el mártir que tres veces ha caído por las ásperas calles llega por fin al lugar del suplicio. La cruz resbala de sus hombros llagados. El ya no la carga; dentro de poco será la cruz la que lo cargue y lo levante a El, como hostia viviente y propiciatoria entre la tierra y el cielo, entre sus torvos asesinos y el Padre misericordioso que no podrá condenar para siempre a los verdugos de la víctima, porque la víctima ofrece su vida por el perdón de sus pecados.

Helo allí. Lo desnudan y lo tienden sobre la cruz. Los clavos no están lo suficientemente afilados como para penetrar en la carne sin desgarrarla, hay que remacharlos fatigosamente. Golpes, golpes, golpes que resuenan lúgubres por todo el universo creado. La sangre del Dios-Hombre brota vívida y abundante por las heridas. Jesús palidece poco a poco por esa fuente de vida que se le escapa de las venas abiertas; pero no sale ni un gemido de sus labios que por treinta y tres años han sabido pronunciar sólo palabras de bondad, de enseñanza y de amor; labios que dictaron las santas parábolas amonestadoras y la belleza de las Bienaventuranzas y que también ahora, entre los más atroces espasmos, suplican al Padre que perdone a quienes lo crucifican porque no conocen todo el horror del delito que están cometiendo. Luego esos labios divinos, ya lívidos por la agonía, se mueven lentamente en una palabra leve como un suspiro: "Sitio", "Tengo sed".

Tiene sed Jesús; la horrible sed de los crucificados y no se le ofrece, para extinguirla, más que una esponja embebida en hiel y vinagre, mientras al pie de la cruz se mofan de él a gritos...

Su agonía es un espasmo inenarrable. La juventud de su condición moral no puede ceder tan pronto a la muerte; los ojos divinos son límpidos y miran con infinita piedad a su dulcísima madre, inmóvil a sus pies, que agoniza con El...

No quiere dejarla sola. Está a su lado y la sostiene en el indecible dolor Juan, el más joven de sus Apóstoles, aquél cuya cabeza estrechó sobre su corazón al despedirse, partir el pan y beber el vino con el traidor al acecho.

"Madre, he ahí a tu hijo".

A Juan la confía para que él camine a su lado por el largo sendero que deberá recorrer aún sobre esta tierra antes de ser ascendida al trono de Dios como Reina de los cielos y de los ángeles.

"Hijo, he ahí a tu madre".

Es la herencia de amor, es su discípulo fiel que Jesús deja a María para que ella no sienta en demasía la soledad en la tierra.

Entre tanto el cielo se entenebrece. Enormes cúmulos de nubes amenazadoras cual manadas de gigantescos mamuts surgen de todos los puntos del horizonte. El sol se opaca poco a poco y se enrojece. De nada se percatan los asesinos, absortos en jugarse a los dados la túnica y los vestidos de Jesús... Desde su cruz el mal ladrón grita y blasfema, mientras su compañero que está a la derecha del mártir contempla estupefacto a aquel Dios-Hombre que muere en lo alto del madero al que lo han clavado.

Un viento impetuoso sacude repentinamente la masa de nubes cruzada por siniestros relámpagos y rayos; las tinieblas descienden densas, negras, amenazadoras; el sol sin rayos parece una enorme hostia de sangre suspendida en el vacío.

La hora del sacrificio ha llegado.

En un instante los verdugos son presa de un repentino terror; el cataclismo, que sacudirá los montes y agitará hasta lo más profundo las vísceras de la tierra está a punto de irrumpir con toda su fuerza. Todo el universo se rebela ante el martirio impuesto al Hijo del Altísimo. Multitudes de arcángeles invisibles vuelan en torno a la cruz en la que por tres horas agoniza el mártir divino.

Y luego un grito, un grito como jamás fue oído uno semejante, brota del pecho sangriento de Jesús.

Y el crucificado reclina dulcemente la cabeza coronada de espinas, tras exhalar el último suspiro.

La tierra horrorizada se sacude; todo se viene abajo y se agrieta. De una rama torcida pende el cuerpo del mísero traidor. Los hombres huyen aterrorizados.

Pero erguida en medio de las tinieblas y de la borrasca permanece la cruz de Jesús, irradiando luz propia en señal reconfortante y segura de redención y de paz para cuantos han subido con él la cumbre del Calvario para sufrir con él y perdonar en su nombre.

A los pies de la cruz el llanto silencioso de María.

Llanto desconsolado y a un tiempo resignado de madre.

Pero la resurrección está próxima.

Así Clara de Asís ha ido pisando las huellas de la pasión de Jesús.

Tendida en su camastro con las manos juntas y el rostro transfigurado, ella no oye ni ve ya lo que ocurre en la tierra.

Las damianitas están consternadas por esa prolongada y estatuaria inmobilidad; la creerían muerta si no fuera por los profundos suspiros que de vez en cuando levantan su pecho.

Pasa una hoche, un día y otra noche sin que ella se mueva ni reciba alimento. Finalmente la noche del Sábado Santo una hermana, para despertarla, enciende una vela y la agita ante los ojos vítreos por la intensidad de la visión. Es preciso que Clara obedezca el mandato de Francisco, que le ha prohibido el ayuno absoluto los lunes, miércoles y viernes, imponiéndole que restaure sus fuerzas cada día por lo menos con un poco de pan y de agua. Fue sor Felipa quien del padre recibió la orden de velar por la salud de Clara; pero desde el atardecer del Jueves Santo la abadesa no se ha movido para nada ni ha tomado siquiera una gota de agua.

Finalmente el parpadeo de la vela despierta a Clara, que abriendo y cerrando lentamente los ojos como quien despierta de un largo sueño, vuelve en torno su mirada y con asombro dice a la hermana:

–¿Qué necesidad hay de la vela? ¿Todavía no sale el sol?

–Madre mía, le responde la damianita, ya pasó la noche y también el día y de nuevo se hizo ya de noche...

Entonces Clara comprende. Verdaderamente ha asistido ella en espíritu a la pasión de Jesús; con Jesús subió a la cumbre del Gólgota y recibió en sus manos el divino rocío de su sangre preciosa. Gozosa en su humildad, junta las manos y responde:

–Querídisma hija, bendito sea este sueño por largo tiempo deseado, que por fin me ha concedido mi Señor. Pero cuida bien de que por nada del mundo digas una sola palabra a nadie de este sueño mío mientras yo viva.

Es su más dulce y precioso secreto.

Capítulo XXII

Soledades

La vida de Clara no es más que una continua y perfecta unión con Dios, y Dios está muy cerca de ella: la ilumina, la sostiene y la prepara para la eterna bienaventuranza.

Un día de la semana de Pascua, mientras la abadesa y las hermanas escuchan en la iglesia la fervorosa predicación de fray Filippo d'Atri, de la Orden de Frailes Menores, sor Inés ve sobre las faldas de Clara un hermosísimo niño rubio de unos tres años. Por el momento la buena hermana teme ser presa de una alucinación o de una jugada maléfica, y temblorosa pide al Señor que la libere de ella, pero una voz muy suave le resuena tranquilizadora en el corazón, repitiendo las inefables palabras: "Yo estoy en medio de vosotras".

Sí. Verdaderamente Cristo está en medio de quienes escuchan con corazón sincero su palabra y siguen su camino en la humildad y la caridad.

Ese niño en las faldas de Clara irradia un esplendor como de estrellas y parece que también él escucha complacido las palabras inspiradas de fray Filippo d'Atri. Sor Inés se estremece al contemplar a la abadesa sumida en felicidad, y sus ojos ciertamente deben haber conservado el reflejo de esa visión, porque terminada la predicación una hermana le dice muy quedo al oído.

–Yo sé que alguna cosa has visto.

Sor Inés también ha visto un resplandor de fuego del que se desprendían destellos en derredor de la cabeza de Clara. Y temiendo de nuevo sufrir una alucinación pidió al Señor que la alejara de ella; mas de nuevo la voz misteriosa le habló al corazón con las palabras del evangelista Lucas: "Spiritus Sanctus superveniet in te": "El Espíritu Santo vendrá sobre ti".

En otra ocasión es sor Francesca di Col di Mezzo quien una mañana de la fiesta del primero de mayo, mientras Clara se halla sentada en la capilla, ve en su regazo un bellísimo niñito cuya hermosura no es cosa de esta tierra. Apoya éste su cabecita en un hombro de la Seráfica sobre cuya cabeza, afirmará quién será la novena testigo en el proceso de canonización, ve revolotear "dos almas resplandecientes como el sol, que a veces se elevaban y a veces cubrían la cabeza de la referida madonna".

Fuera de sor Francesca nadie observó el prodigio, y no lo habría revelado nunca de no ser "en alabanza de tan santa madre".

Y Benvenuta da Perusa atestigua haber visto a Clara, cuando está en oración, envuelta en tan encendido resplandor, que podría creerse que en su derredor ardiera fuego material. Quizá fue ese mismo fuego encendido en la oración el que brilló en el ágape fraterno allá en el bosque de Santa María de los Angeles, cuando fray Francisco dispuso la palabra de Dios como alimento purísimo para los comensales.

La felicidad proveniente del amor divino enciende a Clara toda entera cuando, tras escuchar la antífona del tiempo pascual "Vidi aquam egredientem de templo a látere dextro": "Vi que el agua salía del templo por el lado derecho", se regocija tanto y la hace tan suya, que tras el rezo de Completas y la merienda hace que se dé agua bendita en las manos de las hermanas y en las suyas propias, diciendo:

–Hermanas e hijas mías, debéis recordar y tener presente en vuestra memoria aquella bendita agua que brotó del costado derecho de Nuestro Señor Jesucristo cuando pendía en la cruz.

Una vez más el prodigio de su milagrosa fe irradia en su alma con toda magnificencia.

La enfermedad de Clara se agrava. Cuarenta largos años de penitencia ininterrumpida, de ayunos sin concesiones, de áspera disciplina y de cruel cilicio han consumido irremediablemente su físico.

Había sido una rubia, sana y florida joven, pero ninguna creatura puede resistir semejante tortura voluntaria sin quedar destruida. Ella acepta en silencio el exacerbarse de su mal, alegrándose si una leve mejoría, siempre efímera, le permite levantarse de su camastro y bajar a la pálida luz del alba la empinada y peligrosa escalera para dirigir desde el coro los rezos de las damianitas.

Y experimenta una conmovida alegría cuando, ocultando sus padecimientos, logra reunir sus menguadas fuerzas para estarse un rato en el huertecillo sonriendo a sus flores, calentándose bajo un rayo de sol y respirando la brisa que le lleva el perfume de los bosques lejanos. Asomándose sobre el pretil del muro contempla abajo con imborrable recuerdo aquel rincón del huerto en el que ella levantó la cabañita de carrizos para que Francisco reposara y de donde se elevó en un lejano amanecer el inmortal y magnífico *Cántico de las creaturas.*

Tras escuchar ese Cántico, las golondrinas y las tórtolas, las palomas y los ruiseñores habían partido por las azules vías del infinito formando en el cielo una enorme cruz de vibrantes plumas.

Todo eso ya pasó.

Francisco ya fue llevado a la gloria de los cielos; la cabañita que ella devotamente armó con cañas y ramos de morera fue destruida; los frailes menores se han convertido en legión y por desgracia ha surgido entre ellos una triste divergencia: hay quienes pretenden reformar la Regla del seráfico padre. ¡Qué pena, qué pena para su límpido corazón!

Ella también siente encaminarse hacia el fin; con infinita fatiga arrastra su cuerpo adolorido. También las flores se agostan y Clara no puede ya inclinar hacia ellas el transparente azul de sus ojos de paraíso, lo único que le queda de su dorada y fresca lozanía. El hermano sol no consigue adentrarse con sus rayos en la desolación de su pobre celda para darle fuerzas y calentarla.

Hay que ceder al mal y dejar que la hermana muerte haga su camino para llegarse hasta ella. Ya casi no logra bajar al coro porque la fatiga de los escalones le quita la respiración. Está prisionera de su camastro de paja.

Una triste Navidad llena de nieve y de viento que deja blancos y helados los bastos muros del humilde monasterio, Clara no tiene fuerzas suficientes para bajar a la iglesia y cantar con las hermanas la liturgia de la Natividad de Jesucristo, Nuestro Señor.

Es la hora de la función. Veladas y temblando de frío bajo los insuficientes mantos, y llevando débiles lámparas encendidas, las damianitas van de una en una a despedirse de la abadesa antes de bajar a la iglesia. En la oscuridad gélida no se ven más que las oscilantes llamitas; no se oye más que el golpeteo de las sandalias que parece marcar el ritmo de una lenta procesión.

Luego ese rumor se apaga... desaparece.

Han preparado el nacimiento como se lo enseñó Francisco, a la manera del pesebre de Greccio planeado y compuesto por él. Un pesebre, un manojo de paja y sobre ésta el rubio Niño sonriente entre la Virgen y José... el buey y el burrito toscamente esculpidos en madera parecen calentarlo con su tibio aliento... Alguna lucesita más viva...

Es la mansión del Hijo de Dios...

Clara se ha quedado sola y abandonada. Lacera su corazón la dolorosa tristeza de no poder unir su voz a las alabanzas que las hermanas están entonando a Jesús, venido a la tierra en una noche de estrellas para redimir a los hombres y traerles palabras de verdad y de luz.

Amargas lágrimas corren por su pálida cara y dulcemente se lamenta con su Señor:

"¡Oh Señor Dios, mira cómo me he quedado sola contigo en este lugar!"

Mas Jesús, aún permitiendo que sufra en el cuerpo, no puede dejarla tan desconsolada y triste; también para ella debe tener un regalo milagroso en esa noche divina.

De improviso ella tiene la sensación de ser levantada, sostenida por manos invisibles y llevada a la iglesia de san Francisco donde solemnemente se celebra la Navidad.

Con extremo gozo y arrobamiento asiste Clara al Oficio de media noche, a la misa celebrada con música y cantos e incluso recibe la santa comunión con lágrimas de alegría. Es un éxtasis maravilloso, un girón del paraíso abierto a su resignado sufrimiento. Cuando se ve sobre su camastro llegan las hermanas radiantes de espiritual alegría por la santa función a la que han asistido.

Y le dicen:

–¡Oh madre nuestra, sor Clara, qué consuelo tan grande hemos tenido en esta Navidad! ¡Hubiera Dios querido que hubiéseis estado con nosotras!

Con el rostro luminoso como si de ella irradiara un rayo de aquel plenilunio que platea el frío cielo invernal, sonríe y responde a sus hijas que felices la rodean:

–Alabad al Señor, queridísimas hijas, porque no ha querido dejarme sola en este lugar y mientras cantábais, yo, por gracia de nuestro Señor Jesucristo y por intercesión de mi padre san Francisco, estuve presente en su iglesia y con mis oídos corporales y mentales escuché todo el Oficio y la música del órgano, y allí recibí la santísima comunión. Alegraos pues por tan grande gracia que se me concedió y dad gracias a nuestro Señor Jesucristo.

Así cuenta de ella la suave poesía de las *Florecillas*.

En recuerdo de este conmovedor prodigio, en febrero de 1958 el papa Pío XII declaró a santa Clara patrona de la televisión.

Capítulo XXIII

Luces en el crepúsculo

Desde hace ya casi cuarenta años se encuentra Clara recluida en San Damián. Holocausto viviente de penitencia y adoración a su Dios, celosa continuadora del ideal franciscano y flor maravillosa de castidad y de pureza, superada tan sólo por la Virgen María.

Se halla encerrada entre cuatro sencillos muros como prisionera, si bien su obra rebasa el ámbito reducido del monasterio e inunda el mundo poblándolo de silenciosas y activas clarisas fieles a madonna Povertà, a pesar de la obra oculta y abierta de disidentes a quienes la renuncia es demasiado grave para sus débiles fuerzas.

Ninguna misionera itinerante por el mundo ha recogido nunca una mayor mies de almas que la cosechada por esta pobre dama, que desde su refugio emana una formidable fuerza de ejemplo y de voluntad para gloria de Dios.

Si Francisco fue un santo social que luchó denodadamente por el retorno de la humanidad a Cristo haciendo que volvieran a la humildad los soberbios, a la pobreza los ricos y a la caridad los avaros, dando en el propio sacrificio el más convincente modelo del amor, de la justicia y de la misericordia de Jesucristo, Clara no fue una discípula inferior al maestro.

Semejante a una preciosa gota de raro perfume encerrada herméticamente en su estuche del más puro cristal y que sin embargo difunde su propia fragancia sin consumirse, la damianita expande desde su clausura el perfecto aroma de la santidad activa, incitadora y fecunda.

La palabra es mesurada y parca, pero toda su cotidiana existencia es un discurrir sobre el amor celestial y un magnífico e inagotable ejemplo de virtud, de fe y de oración.

Como Francisco, también Clara puede ser definida como la más italiana de las santas y la más santa de las italianas, ya que su fe nació con su patria y su luz brilló en ella, siempre; flor de nuestra tierra, "paloma plateada", llevó sobre sus alas el candor del alma, el fuego de su amor celestial, la esperanza de una gloria eterna no sólo para sí sino para todos los hombres, rescatados del pecado por la sangre de Jesús.

Fue anunciada a su madre embarazada como una fúlgida luz que habría de iluminar el mundo entero, y ahora esta clarísima luz está por sumergirse en el descendente crepúsculo terreno.

En septiembre de 1226, pocos días antes de que el santo padre Francisco consumase su gloriosa vida terrena, estuvo a punto de morir; pero se repuso para poder contemplar muerto al maestro. Desde entonces su existencia ha sido un continuo alternarse de recaídas, de efímeras mejorías y de más agudos y atroces sufrimientos.

En 1250 atravesó una tan grave crisis que las hermanas, creyéndola en las últimas, llamaron urgentemente al sacerdote para que le administrara el viático. Cuando se le presenta la sagrada hostia, sor Francisca di Col di Mezzo que la asistía vio claramente en la partícula un niño de celestial belleza que le sonreía, mientras la cabeza de Clara irradiaba en derredor una luz paradisíaca.

Nunca olvidará sor Francisca la incomparable gracia divina que visiblemente reconfortó a la madre Clara.

Ahora, sin embargo, Clara está extenuada: diáfana, sin fuerzas, casi sin aliento. Su miserable cuerpo, del que las compadecidas hermanas han removido contra su voluntad el aspérrimo cilicio, no pesa ya más que el cuerpo de una niña. A tal grado lo ha destruido la maceración continua de cuarenta años de penitencia. Su juventud ha sido privada de alimento, de aire libre, de movimiento y del necesario y suficiente reposo. Prolongadas horas invernales transcurridas de rodillas mientras la ventisca azotaba los vidrios de las pequeñas ventanas con ráfagas rabiosas; ayunos inexorables impuestos a la perfección de su recio y lozano organismo; sueño reparador sacrificado en las noches a la solicitud por el bien de las pobres hermanas vigilándolas y auxiliándolas; jergón miserable brindado a sus fiebres persistentes y al espasmo de sufrimientos inauditos que desgarraban su carne; y oración continua y olvido continuo de sí misma…

Por este acerbísimo camino ha llegado ella a su crepúsculo.

Dios la ha sostenido dándole la capacidad de soportar tantos padecimientos porque, como aseveró Pablo, la fuerza se muestra perfecta en la flaqueza. Sólo que ahora Clara no puede deglutir alimento alguno y casi le es imposible levantar una mano; toda su vida se concentra en los ojos, ojos límpidos que hablan continuamente a Dios y de Dios.

Está dispuesta.

Pero aún no ha llegado su hora. Junto al camastro en que yace van alternándose las hermanas con amorosa y filial solicitud. Al acercarse a ella, su silencio se hace más profundo, su respiración más leve y aun su tosco calzado de madera y cuero no hace ruido alguno. Es preciso que en torno a Clara haya paz, silencio y tranquilidad para mejor escuchar el paso de aquélla que se acerca. Continuamente se turnan las damianitas en adoración ante el Santísimo, orando por la madre moribunda.

La noticia de la gravísima enfermedad de Clara se propaga más allá de los muros de San Damián y se difunde por toda la tierra de Asís, por el valle entero de Espoleto y aun más allá, llevada angustiosamente por los frailes para quien Clara ha sido también su madre. Hay en torno a ella un estremecimiento en la oración, un ambiente de expectación.

A una religiosa benedictina del monasterio de San Pablo le parece, en visión, hallarse al lado de la madre Clara que yace agonizando en un lecho precioso. La acompaña una hermana y ambas lloran amargamente la inminente partida de la bienaventurada abadesa. De repente se aparece junto al lecho una radiante señora de sobrehumana belleza, vestida de luz, quien con dulce benignidad dice a las afligidas hermanas: "No lloréis, hijitas, por quien así como ha vencido siempre en la tierra vencerá eternamente en el cielo; y tened por cierto que ella no habrá de morir hasta que el Señor no venga con sus discípulos".

No. Clara no puede morir antes que le sea concedida la aprobación pontificia de su Regla de pobreza.

Es la aspiración suprema de toda su seráfica vida de claustro; es el premio que corresponde a sus grandes sufrimientos; es la coronación de su voto, pronunciado en una ya lejana noche de primavera tachonada de estrellas, mientras su cabellera de oro caía bajo las tijeras de fray Francisco y sus preciosos collares, sus magníficas pulseras y los bordados de plata de su airosa falda de seda centelleaban por última vez al claror rojizo de las antorchas...

Pero hay todavía que esperar.

Con sus manos juntas, la hermana Clara espera.

La nueva de las gravísimas condiciones que atraviesa Clara llegan al obispado de Perusa, donde se encuentra de paso el protector de la Orden, messer Rainaldo, cardenal y obispo de Ostia. Es sobrino del gran Hugolino, amigo devoto y sostén de Francisco, por quien él mismo sentía gran devoción y estima.

Al enterarse de la dolorosísima noticia de la gravedad de Clara, el cardenal ordena hacer preparativos para su viaje a Asís, para de allí visitar a la enferma, a quien profesaba gran afecto y admiraba por su virtud y amistad.

Es el 8 de septiembre de 1252.

El encuentro es conmovedor dado que el estado de Clara es de verdad lastimoso. El cardenal le prodiga todos los más suaves consuelos de su amistad y de su oficio. Clara recibe de sus manos la absolución y la sagrada comunión, llorando de alegría celestial; recomienda su extensa familia al cardenal y le suplica que le obtenga del Sumo Pontífice la aprobación del Privilegio de pobreza por el que ella ha luchado denodadamente toda su vida.

El cardenal Rainaldo lo promete, con tal que ella no se angustie ni atormente su mísera existencia con otras preocupaciones.

No se trata de una promesa vana, hecha para tranquilizar el anhelo de una creatura que se halla al límite de la vida; es un silencioso y solemne juramento que el cardenal se hace a sí mismo, edificado por la santidad de la damianita.

Así ocho días más tarde, con la autorización del pontífice Inocencio IV que regresa del asilo de Lyon, el cardenal, con una carta suya fechada el 16 de septiembre de 1252, lleva a la abadesa la aprobación papal. La carta comienza: "Quia voz dilectae" y dice: "Por consiguiente, movidos por vuestra cálida petición, confirmamos en perpetuidad por la autoridad de nuestro santo padre el Papa y por la nuestra, y ratificamos en vuestro fervor y en el de todas quienes os sucederán en este monasterio, la forma de vida y la regla de la santa humildad y de la altísima pobreza, que vuestro beatísimo padre Francisco os dio de viva voz y por escrito, como aquí se lee".

Esta carta es para Clara un consuelo, pero no es la sanción decisiva de la Regla; no es la Bula tan ansiada.

Es la concesión, no la ley.

Se hace necesario por lo tanto esperar más para morir.

Y todavía no se muere.

Los sufrimientos no le conceden reposo ni tregua; arde en fiebre que le enrojece la cara y le abrillanta los ojos, dándole la apariencia de una renovada juventud. Pero cuando la fiebre baja, ella se torna más pálida que una hostia y de vida no le queda más que el azul de sus ojos de paraíso.

Con todo nunca, nunca brota de sus labios lívidos otra palabra que no sea un agradecimiento y una bendición al Señor que le da aún la fuerza para disciplinar su cuerpo ya destruido, que le conserva la lucidez de la mente para orar y meditar y prepararse así a ser más digna que en el pasado. Es un milagroso ejemplo de resignación y de paz. Las damianitas la cuidan y la veneran como a una reliquia de la infinita misericordia de Dios dejada por un tiempo en la tierra como modelo de incomparable santidad.

Capítulo XXIV

Crepúsculo

Pasa el rígido invierno del que malamente se protege la enferma con su tosco y raído cobertor, ya que no acepta otra cosa de las hermanas. San Damián es pobre y en él no hay más que una sola manta para cada jergón y la santa abadesa no permite a ninguna hermana que se prive del propio para abrigarla a ella. El hermano viento bate con furia las destartaladas ventanas; los chubascos helados y violentos y las ráfagas de nieve se encarnizan en torno a la solitaria clausura donde velan las enteleridas monjas a la luz trémula y débil de una lamparilla de aceite.

Bien sabe Clara que jamás podrá vencer la rigidez de las noches invernales para descender cautamente los inseguros escalones de piedra húmeda y carcomida para ir, sola, a implorar del eterno manantial de luz el calor que vence a todo hielo. Nunca volverá ella a descongelar sobre las brasas del tibio fogón el frasco de aceite destinado a alimentar la lámpara que palpita ante el tabernáculo del Altísimo...

Nunca jamás...

Desciende luego la primavera de su trono estrellado, trayendo sus perfumadas canastillas para esparcir violetas por bosques y campos, salpicar los prados con el albor de los lirios, hacer despuntar en los jardines las rosas y vestir de blanco y de rosa los duraznos y los cerezos.

Llegan también las golondrinas con sus agudos gorgeos revoloteando alrededor del techo de San Damián para abrigar bajo él sus nidos que nadie habrá de molestar. Las auroras se van haciendo más espléndidas y los bosques comienzan a esparcir un perfume más intenso de hojas nuevas y de resina.

Así la primavera que vio en albas lejanas la dorada cabellera de la hija jovencita de messer Favarone acudir cada mañana a la catedral, la ve ahora lánguida, consumida por ese mal que no ha tenido piedad de ella, y benigna le da su más gentil sonrisa y un tibio soplo aromado de piracanto y de rosas para consolarla y presentarle su último saludo.

Le ofrece también el regalo de las rosas de mayo.

Anulando tal vez un añoso voto secreto suyo, el papa Inocencio IV se traslada de Perusa a Asís para arrodillarse en la estupenda basílica levantada sobre la Colina del Infierno –ahora Colina del Paraíso– donde desde 1230 están sepultados, en la escondida tumba excavada por fray Elías en la roca viva, los restos mortales de san Francisco. Basílica sin igual ofrecida en singular contraste a madonna Pobreza, protegida y favorecida por el papa Gregorio IX, levantada con el río de oro que de todas partes desemboca en Asís a pesar de las protestas de aquellos que, con el libro *Speculum perfectionis* en la mano escrito por fray León, incorruptible heredero del ideal seráfico, reaccionan contra ese despilfarro de dinero ciertamente no querido por el Pobrecillo para su sepultura. El quiso simplemente una fosa excavada en la tierra de aquella altura donde se enterraba a los condenados.

¡Qué lejana le parecerá la bóveda del cielo centelleante de estrellas al cantor del hermano sol, inhumado bajo la magnífica mole de su doble iglesia!

Con solemnísimo cortejo el pontífice llega a Asís. Aquí se entera del creciente agravamiento de la abadesa de San Damián. Harto conoce él la virtud de Clara para no querer tributarle el honor que jamás recibió otro santo, de ver junto a su lecho de muerte al Vicario de Cristo. Pero Clara es muy digna de esto. Y el pontífice desciende a San Damián con algunos de sus cardenales. Para el Papa no vige la clausura. El entra solo con cuatro frailes Menores en la celda donde está languideciendo la plantita primogénita del hermano Francisco.

La encuentra pálida, con los labios resecos, la respiración leve como el aleteo de una mariposa cansada, inmóvil sobre su jergón que durante cuarenta años ha sido testigo de su escaso sueño y de su larga enfermedad. Continúa envuelta en el humilde sayal de pobre y su rostro ceñido con las rugosas bandas de lino. Su vida se reduce a los ojos; ¡pero cuánta luz en aquellas pupilas color de lirio que reflejan como siempre su inocencia bautismal!

Al anuncio de que el Vicario de Cristo está por visitarla, Clara tiembla de emoción y de reverencia, en la absoluta inconsciencia de merecer este altísimo homenaje. Querría levantarse para hacer acto de humilde sumisión a aquel que viene en nombre del Señor, pero le es imposible. Le fallan sus exiguas fuerzas. Una hermana la sostiene por la espalda y así logra incorporarse ligeramente para besar la mano del pontífice. Querría besarle también el pie inclinándose hasta el suelo. Entonces Inocencio IV, cuya reverencia por la santa virgen de Asís no es menor que la que ella le profesa a él, se hace llevar un banco y colocándolo junto a la cabecera de la enferma, levanta su pie para que Clara pueda besarlo sin dificultad. Luego Clara le pide al pontífice la absolución plenaria de sus pecados.

¿Sus pecados? ¿Cuándo y cómo ha podido ella pecar si toda su existencia no ha sido otra cosa que una comunión con Dios? Cuando Dios está en la creatura vivo, omnipresente, omnipotente, las insidias del Maligno no hacen presa en ella. El Papa le responde benignamente, escondiendo a duras penas un profundo suspiro: "¡Ojalá tuviera yo tanta necesidad de indulgencia semejante!".

Sin embargo, para condescender con la humildad de la Seráfica, levanta la mano con el gesto hierático de la absolución plenaria, y Clara experimenta en sí una renovación de gracia que la encierra en un rayo de luz.

Cuando Inocencio cruza para siempre el dintel de la escuálida celda en donde ha florecido una purísima flor de santidad, lleva los ojos brillosos por un mal reprimido llanto, y en el corazón la llama vivísima que enciende a quienes se han acercado a la espiritualidad de los santos.

La visita del pontífice deja a Clara sumida en una transparente y perfecta serenidad. Y ahora, como el buen peregrino a quien ha llegado la hora de ajustar su calzado y tomar el bordón y el morral para lanzarse por los interminables caminos del mundo que conducen a todas las lontananzas, quiere Clara disponer con orden y sabiduría su partida antes de abandonar esta tierra sobre la cual resplandeció entre tantas luchas y tantas discordias su virginal pureza, como florecieron para ella las bellas rosas de San Damián.

Todo padre de familia que se preocupa seriamente por el bienestar de los suyos, se esmera en disponer de sus propios haberes y distribuirlos con justicia de suerte que cada hijo reciba lo que le corresponde. También Clara debe pensar en su propia riqueza y disponer de ella con recto criterio; riqueza maravillosa la suya de la cual el mundo huye con horror y que tiene un nombre muy corto: pobreza.

Sí. Como Francisco, la inolvidable abadesa de San Damián dejará a las clarisas presentes y futuras el altísimo don de su última voluntad. Habiendo hecho venir junto a sí a una hermana "que sabe escribir", le dicta esas límpidas y estupendas páginas de humildad y de amor que constituye su testamento.

Exalta en él la excelencia de la vocación religiosa que las ha unido en la más estricta clausura de San Damián, conforme a la predicción del beatísimo padre Francisco. Quien siendo aún muy joven, mientras restauraba los muros arruinados de su queridísima iglesita, exhortaba a los pasantes: "Venid a ayudarme en esta obra del monasterio de San Damián; porque aquí habitarán mujeres religiosas por cuya vida famosa y santo comportamiento será glorificado nuestro Padre celestial en su santa Iglesia".

Ha florecido maravillosamente el jardín espiritual en el que Francisco plantó su plantita.

Aquella que en su conversión le prometió obediencia voluntaria y con las primeras compañeras no rehuyó "ninguna necesidad, pobreza, fatiga, tribulación o vileza y desprecio del mundo considerándolas por el contrario como gran delicia, vino con ellas a habitar en San Damián donde el Señor en breve tiempo, por su misericordia y su gracia, las multiplicó abundantemente", como flores de un exhuberante jardín, "para que se cumpliera lo que el Señor a través de su santo, Francisco, había predicho de ellas".

Con devota confianza ella encomienda al pontífice sus hermanas presentes y futuras y también las encomienda a monseñor el cardenal que haya de ser "designado como protector de la religión de los frailes Menores y de nosotras pobres hermanas, para que por amor de aquel Señor que fue puesto pobre en el pesebre, pobre vivió en el mundo y desnudo colgó del patíbulo de la cruz..."

¡Pobreza, pobreza!

Palabra límpida que cava en las almas puras un surco imborrable de perfección, como la gota que excava el granito al caer por siglos rítmica e implacable.

¡Pobreza!

Si bien las hermanas, con el tiempo, abandonarán el humilde monasterio de San Damián para trasladarse a otra sede mejor, no por ello podrán considerarse exentas de la observancia de la rígida Regla y de la forma de vida impuestas por Francisco y por Clara. Y tenga cuidado la abadesa y "cada una de las hermanas, que con el sobredicho lugar no adquieran mucha tierra sino cuanta sea necesaria para el huerto, a fin de disponer de hortalizas, y la tierra que sobrepase esta necesidad no sea labrada ni sembrada sino que permanezca así dura e inculta".

Es éste el yunque sobre el cual Clara golpea incesantemente el hierro inflamado de su ardor por Cristo. Florece más pujante la flor de la vocación y de la virtud claustral en la verdadera pobreza, sin concesiones ni misericordia.

La discípula de Francisco no se aparta de esta última voluntad de renuncia, que concluye con una bendición de madre a las hermanas e hijas presentes y futuras. Pero su corazón no se halla todavía satisfecho.

Para morir en paz y tranquila sobre la suerte de la segunda Orden, le hace falta la aprobación definitiva de su Regla de vida: la Bula pontificia que vincule onerosamente y se convierta en ley inatacable e inmutable.

Supremo consuelo éste que le ha negado la vida, pero que le llevará en sus pálidas manos la hermana muerte como preciosísimo regalo, cuando Clara se encuentre a punto de cerrar para siempre sus párpados a la luz terrena.

Junto a su lecho la acompaña, con su hermana carnal sor Beatriz, su otra hermana, Inés, que ha acudido a San Damián desde el monasterio florentino de Monticelli. ¡Cuántos años hace que no se veían! Y cuánta suavidad de lágrimas y de sonrisas al encontrarse! Ultimo encuentro sobre la tierra, porque así como Inés tomó el velo dieciséis días después de la tonsura de Clara, así también a los dieciséis días de morir ésta la alcanzará en la luz de Dios. ¡Inescrutables designios de la omnipotencia divina!

Es la noche del viernes 8 al sábado 9 de agosto.

La ventanilla de la celda, abierta a la frescura nocturna, encuadra un girón de cielo con la blancura del plenilunio. El canto de los grillos resuena largo, insistente, como si muchos corazoncitos latiesen agitados; en el aire inmóvil flota una fragancia sutil de madreselvas y de rosas; los jardines de Asís, los bosques y los prados envían oleadas de perfume; en la llanura el río Tescio parece una vivaz cinta de plata; la cara de madonna luna se refleja esplendorosa en el agua límpida y quieta de una fuente; desde un caserío lejano ladra un perro; un mochuelo escondido en un grupo de arbolillos allá abajo, hacia Rivotorto, repite con insistencia y con pena su melancólico llamado.

¡Qué noche serena! ¡Qué paz, qué infinita dulzura arropa la tierra de Asís, sobre la que vigila la inextinguible bendición de san Francisco!

En su yacijo Clara parece adormecida. No hay una luz en la pobre celda; para darle un poco de claridad basta aquella luz de plenilunio que le da una apariencia de ensueño. Sor Anastasia y otras compañeras la velan en silencio, rezando sin voz para no despertar a la enferma que tal vez descansa. El rayo de luna asciende despacio, despacito, por el corroído pavimento hasta la burda manta del camastro...

De improviso resuena dulcísima la voz de Clara, realmente clara con acentos argentinos, pronunciando con firmeza aquellas palabras que las devotas hijas jamás podrán olvidar. Ella dice:

–Vete en paz, segura de que tendrás buena guía, porque Aquel que antes de crearte quiso santificarte y cuando te hubo creado infundió en ti al Espíritu Santo, siempre te cuidó y te custodió como la madre cuida y custodia al hijo que ama...

Entreabriendo después los ojos y fijándolos en aquel girón de cielo todo blanco en el claror de la noche otoñal, agrega suavemente:

–¡Seas bendito eternamente tú, oh Señor que me creaste!

Las hermanas que velan, al oír aquella voz que no suena como de costumbre y esas palabras cuyo sentido no comprenden, temen que la madre delire y trepidantes se acercan a su jergón.

Pero el rostro de Clara está sereno, su respiración es leve...

Inclinándose hacia ella, sor Anastasia le pregunta con quién está hablando. Los ojos azules de paraíso se vuelven lentamente hacia quien ha hecho la pregunta:

–Hablo a mi alma bendita llena de gracia celestial y contemplo la luz de la Reina del Cielo, Señora de los ángeles, gloriosa madre.

La apacible abadesa de San Damián está ya trashumanada y puede hablar a la perfección de su gloria cercana. Ha llegado a ella por un largo camino de penitencia y de oración y puede detenerse, consciente, al límite del camino terreno en espera de que se le abra la puerta de la celestial ciudad coronada de torres, espléndida en oro, ondeando los estandartes de Dios; la ciudad prometida donde van y vienen turbas de bienaventurados vestidos de luz, coronados de lirios, entre músicas de arpas y trompetas de plata y donde responden las voces de los arcángeles y de los serafines que entonan himnos al nombre del Altísimo.

Aun a los más alejados monasterios ha llegado la dolorosa noticia. Las fidelísimas hijas de Monticelli envían presurosas unas legas a San Damián para que obtengan para su convento la bendición de la santa abadesa. Es un largo camino pero las hermanas aprietan el paso temerosas de llegar demasiado tarde.

¡Qué ansia, qué pena! Las caminantes ni siquiera sienten el cansancio ni se conceden la más mínima dilación. Se sostienen con un pedazo de pan y el agua de los arroyos que encuentran por el camino.

En el dormitorio de Clara se vela en la inmovilidad. Ya no hay nada que hacer: la enferma no pasa ni siquiera un sorbo de agua. Parecería ya muerta, si no fuera por un hilo de respiración que levanta imperceptiblemente su pecho. Ni siquiera puede hablar; como las oraciones, también son silenciosas sus lágrimas.

Mas de repente despega sus labios y dice en forma que se le alcanza a oír:

–Vayan a la puerta, porque nuestras hermanas de Monticelli llegan a visitarme.

Las damianitas se ven unas a otras consternadas. Ciertamente la abadesa delira. Mas no en vano se ha obedecido por tantos años plenamente, sin discusiones ni limitación alguna y sin que la obediencia se convierta en una ley a la que es imposible sustrarse.

Aunque Clara delirase hay que seguir su mandato.

Una de las hermanas baja a la puerta de la clausura en el preciso instante en que alguien está tocando con insistencia. Son las hermanas florentinas que llegan agotadas, polvorientas y pálidas por el largo camino recorrido sin detenerse, en la ansiosa trepidación que las urge.

Los ojos de la damianita brillan por el llanto, la pena y el remordimiento.

¿Cómo ha podido dudar un instante de la lúcida clarividencia de la dulcísima madre?

Humillada, guía a las recién llegadas hermanas hasta donde está Clara, quien las acoge con apacible alegría y consuela sus lágrimas que no pueden contener al verla reducida a tan lastimoso estado.

Levanta la mano bendiciéndolas y luego, dirigiéndose a sus damianitas les recomienda que cedan a las hermanas de Florencia, tras su muerte, el velo que le cubre la cabeza, para que lo conserven como recuerdo suyo en el monasterio de Monticelli.

Le responde el llanto desconsolado de las hijas que está por abandonar.

La clepsidra de su vida terrena deja caer el polvo de sus últimas horas.

Clara se halla en el límite extremo de su jornada mortal y todavía no le llega el alivio que con fervor y ansia ella espera, como apretando sus venas para que no se le escape antes la vida. Suspira todavía para recibir la "Bula de la Regla de la Orden, para llevársela a los labios y al día siguiente morir..."

Ese santo deseo la sostiene como milagrosa medicina.

Mas la hermana muerte, sonriente, le prepara el recinto de San Damián donde los cipreses atisban sobre el techo cuajado de golondrinas.

Es el 10 de agosto de 1253.

Desde la ladera del monte la campiña parece arder bajo el sol canicular; en el aire incandescente se agita el chirriar desesperado de las cigarras embriagadas en luz; no hay trazas de nubes en el cielo implacablemente azul, y el hermano sol impera con todo su terrible y benéfico poder.

En la celda de Clara pesa la opresión del bochorno otoñal; su frente está bañada en sudor; la palabra le cuesta una horrible fatiga pero la oración incansable, humilde y encendida continúa ascendiendo de su corazón, como de un incensario de oro sube en ininterrumpidas volutas el humo perfumado de los granos que se van quemando.

¡Oh madonna Povertà, esposa admirable de san Francisco, qué dura y sin reposo es la tarea que se ofrece en imperecedero sacrificio por tu triunfo y tu amor a quienes han revestido el sayal, ceñido el cordón y pedido como alimento sólo un pan a la caridad y un sorbo de agua a las fuentes que son de todos...!

¡Cómo tiembla de inigualable amor la dulce alma de sor Clara, que no puede dejar la tierra sin la tan postulada aprobación!

Alguien llama al portón de San Damián. ¿Quién será? ¿Será la hermana muerte? No. Todavía no.

Es un fraile Menor. Es portador de la coronación del gran anhelo de Clara de Asís: la Bula del papa Inocencio IV que confirma la Regla de vida de la segunda Orden franciscana de las Damas Pobres, en homenaje y perpetua donación a madonna Povertà. Es la Bula *Solet annuere*.

Clara la recibe con una sonrisa angelical, estrechándola con sus manos temblorosas contra su corazón, transfigurada por un gozo sobrehumano. Es el premio supremo merecido por cuarenta y dos años de plena donación a Dios, su luminoso pasaporte para el cielo. Se olvida de cuanto ha padecido, soportado y luchado.

Quiere escuchar las palabras triunfales de la confirmación papal, así como Francisco quiso escuchar, antes de morir, las estrofas inefables de su *Cántico de las creaturas*.

Devotamente, con la voz ahogada por el mal reprimido llanto, una hermana lee:

"Inocencio obispo, siervo de los siervos de Dios, a sus queridísimas hijas en Jesucristo, Clara abadesa y demás hermanas del monasterio de San Damián en Asís, salud y apostólica bendición. Suele la Sede apostólica condescender con los piadosos deseos y justas plegarias que se le dirigen. Nos habéis humildemente suplicado sancionar con nuestra apostólica autoridad la forma de vida que san Francisco os ha dado y que habéis espontáneamente abrazado, obligándoos a vivir en comunidad y en unión de ánimo el voto de la más alta pobreza. Ya nuestro venerable hermano, el obispo de Ostia y Valletri la ha juzgado digna de aprobación como su carta lo manifiesta claramente y Nos, con gusto, condescendiendo a los deseos de vuestra piedad, plenamente ratificamos con nuestra apostólica autoridad y confirmamos cuanto ha hecho el mencionado obispo".

Y concluye la bula con la fórmula: "A nadie en absoluto sea permitido infringir este acto de nuestra autoridad, o contravenirlo con audaz temeridad. Si alguno osara intentarlo, incurrirá al instante en la indignación de Dios omnipotente y de sus apóstoles Pedro y Pablo. Dada en Asís el día 9 de agosto, en el año undécimo de nuestro pontificado".

Clara escucha anhelante. Cada palabra cae benéfica y dulce sobre su corazón, como benéfica y dulce cae cada gota de agua sobre la tierra atormentada por la sequía. Y pide besar de nuevo las sagradas páginas, como el glorioso caído besa a su amada bandera.

Ahora sí: ahora, en verdad, ella puede morir.

Capítulo XXV

"In lúmine vitae": "En la luz de la vida"

Cae el último grano en el reloj de arena.

Velan y lloran silenciosamente en torno al camastro de Clara las consternadas hijas. La serena agonía de la abadesa de San Damián es confortada por la asistencia espiritual de fray Angel y fray León, discípulos predilectos de San Francisco, y por la solicitud de su hermana carnal sor Inés, que no puede resignarse a la separación. Piadosamente la consuela Clara:

–Es del agrado de Dios, mi queridísima hermana, que yo me vaya. Y tú cesa de llorar, porque después de mí te llamará el Señor y recibirás de él gran consuelo antes que me separe yo de ti.

Con claridad ella ve lo que está delante de sí. Breve separación terrena de su amadísima Inés.

Invisible y misericordiosa, la hermana muerte entra en la celda; se sienta junto al camastro dispuesta a inclinarse sobre la enferma y cerrarle muy despacio los párpados sobre los suaves ojos color de lirio, con sus leves manos más heladas y blancas que la nieve.

Mas sobre el rostro de Clara se difunde la celestial alegría del alma. Y sin embargo su sufrimiento es todavía un atroz martirio. No se lamenta porque nunca se ha lamentado; pero de cuando en cuando una repentina contracción de sus labios revela su oculto y terrible sufrir.

También fray Reinaldo, que ha acudido a su cabecera dispuesto a cualquier sorpresa, se percata de tan gran dolor y quiere exhortarla a la paciencia. ¿Mas no es ella acaso la más perfecta personificación de la paciencia misma?

–Hermano carísimo, le responde con un hilo de voz, desde que experimenté la gracia de mi Señor Jesucristo por medio de su siervo Francisco, ninguna pena me fue molesta, ninguna penitencia me pareció gravosa, ninguna enfermedad me fue dura.

Ahora está lúcidamente consciente de sí misma.

No tiene agonía, o mejor dicho, su agonía es una lenta, breve y suavísima separación del espíritu de aquel cuerpo lacerado por el cilicio y que un día lejano fue lozano, bello y perfumado como flor de primavera. Poco a poco el cielo desciende sobre ella para mostrarle toda la magnificencia de la gloria que le espera.

Ciertamente contempla ya ese esplendor de paraíso, porque no en delirio sino en éxtasis, susurra Clara a sor Amada que está a su lado en la luz escasa del crepúsculo:

–¿Ves tú al Rey de la gloria como lo veo yo?

No. Para descubrir en su trono de nubes doradas al Rey de la gloria se requiere la mirada pura de la primogénita del Seráfico.

Es ciertamente Francisco quien le abre poco a poco el misterio del azul donde él se prepara a recibirla y la espera con la misma ansia fraterna con que la esperó en una noche estrellada de abril, en la oscuridad de un bosque poblado por petirrojos y cervatillos para presentar vestida de sayal a la gentil hija de messer Favarone ante el altar de la Virgen María.

Viene también sor Benvenuta a velarla en esta última noche; una a una las damianitas entran por un breve momento en la celda de Clara, para no robar un poco de aire en la lenta agonía de la madre, ya que la atmósfera es muy pesada por el intenso calor y la ventanilla no permite el paso del aire exterior.

Sor Benvenuta la contempla.

¡Qué belleza espiritual la suya con ese rostro blanco afilado por el excesivo sufrimiento, con esa boca pálida, acostumbrada lo mismo a las largas oraciones que a los largos silencios! Tal vez se dormirá así, sin que nadie se dé cuenta, soñando en el paraíso; morirá como mueren los niños, como mueren las flores, sin agostarse, conservando hasta el final su pureza sin mancha...

Un respiro... un respiro más leve... más leve todavía...

Tal vez Clara morirá así...

¡Cómo resplandece más vivamente la luna en esta noche de estío! ¡Cómo se agita en el aire un polvillo de luz como si se hubiera desmenuzado de improviso el más resplandeciente de los astros! ¡Qué extraño perfume inunda con suavidad toda la celda, como si florecieran a una todas las rosas!

¿Por qué se abre ahora la puerta de la estancia?... Todavía no es tiempo de que venga otra hermana a tomar su turno junto al yacijo de Clara...

Deslumbrada, sor Benvenuta parpadea atónita, aturdida, incrédula...

No, no, no. No se ha dormido, está bien despierta. No sueña, es dueña de sí misma. Y no se engaña.

¿Qué es lo que ve?

Coronadas de oro, vestidas con largas túnicas que no tocan el suelo, dos resplandecientes hileras de vírgenes que irradian una viva luz etérea. Son las bienaventuradas siervas descendidas del paraíso en esa noche de plenilunio para acompañar a la Reina de los cielos que viene a acoger a su sierva fiel.

Y aparece ella, la blanca Señora, bellísima sobre todas, vestida de esplendor; sobre sus finos cabellos centellea una preciosa e imperial corona radiante de mil joyas, de las cuales parten rayos tan luminosos que ningún ojo humano podría soportar su fulgor. Y toda la celda, donde se hallan en invisible espera madonna Povertà y la hermana muerte, se ilumina como si se hubiera concentrado allí la luz de un millar de soles.

Las vírgenes se hallan a uno y otro lado de la Reina de los ángeles, la cual se acerca al jergón donde languidece la Seráfica, mirándola con sus delicados ojos en los que se reflejan, exultantes, las cohortes de los querubines, e inclinándose sobre ella la cubre con la inmaculada blancura de su manto, tan sutil que Clara se transparenta a través de él. Es el manto de las vírgenes con el que la damianita se presentará ante el trono del Señor. Es el beso tierno de la Madre de Jesús, que roza con sus labios la frente de la más pobre de las siervas de Dios que ha vivido cuarenta años de penitencia sólo para rendir homenaje al Altísimo y llorar la pasión del Redentor muerto por la remisión de nuestros pecados.

Es el principio de un paraíso eterno.

La Virgen de las vírgenes desaparece con su resplandeciente cortejo de bienaventuradas, trazando en el azul esa vía de estrellas que dentro de poco sor Clara, dejando la túnica y el cordón, habrá de recorrer rebosante de júbilo.

¡Oh sor Benvenuta, cómo brilla la luna en esta noche de estío!

¡Y qué aroma en la celda de la madre Clara!

Como el de una repentina floración de rosas...

Lunes, 11 de agosto de 1253.

La clepsidra ha agotado su último grano; en la lámpara de la virgen prudente que siempre ha estado encendida en espera del Esposo se ha agotado el aceite...

La hermana muerte se levanta cauta, alarga poco a poco sus manos sobre el duro camastro concedido por madonna Pobreza al largo mal de Clara.

Las damianitas, recogidas en oración, lloran silenciosamente para no turbar la serenidad seráfica de la moribunda. Pálido, fray Angel murmura palabras de fe y de consuelo; fray León besa de rodillas la manta del camastro sobre el cual jadea Clara en la extrema rebelión de la carne que no quiere separarse del espíritu. El, el corderillo de Dios, recogió el último suspiro de san Francisco y ahora recogerá el de aquélla a la que consideró como madre y para la cual escribió con fervor y paciencia el Libro del Oficio.

Las lágrimas centellean en sus ojos.

Durante toda la noche Clara ha amonestado a las hermanas, prodigándoles preciosos consejos, exhortándolas a la oración de las cinco llagas del Señor, que era su oración predilecta por encima de todas.

Habla, y su voz no es más que un soplo, suficiente todavía para adorar el Crucifijo, para pedir que se le permita besar la santa Regla y se la ponga sobre el corazón, como se pone el escudo sobre el pecho de los caballeros moribundos en signo de nobleza y de valor.

¡Ah! Ella ha verdaderamente combatido con buenas armas por la gloria del Señor, y puede ahora irse en paz, satisfecha de cerrar su jornada terrena con las supremas palabras del salmo: "Praetiosa in conspectu Domini mors sanctorum eius": "Preciosa es a los ojos del Señor la muerte de quienes lo aman..."

El silencio en torno a ella se hace más trepidante. El corazón de cada damianita deja de palpitar como si quisiera callarse a una con el corazón de la suave abadesa...

Parece que se escucha en el aire un ligero batir de alas invisibles.

Ni un gorjeo ni un canto en torno a San Damián. Aun las golondrinas suspenden su vuelo, las abejas se sosiegan alrededor del panal y las mariposas detienen su aleteo yendo a posarse sobre la corola de una flor...

Solamente las rosas del huertecillo de Clara exhalan un perfume más intenso.

¡Ay! ¡Cómo se hace leve la respiración de la Seráfica! Todos retienen la propia para escuchar la de ella.

La hermana muerte se encorva sobre ella, y le cierra muy despacio los párpados sobre los lindos ojos color de lirio con sus tenues manos frías y más blancas que la nieve... Clara muere como mueren los niños, como mueren las flores.

Un respiro cada vez más leve... leve... leve...

Silencio.

Clara ha dejado para siempre su dulce clausura de San Damián...

Y un suavísimo canto parece elevarse desde la tierra, subir al cielo y difundirse en el azul sin nubes. Es la voz de san Francisco que irrumpe jubilosa en la estrofa que nunca pronunciaron sus labios ante los hombres, pero que ciertamente brotó de su alma como flor milagrosa, en agradecimiento a quien le permitió confiar a una tal discípula su preciosa herencia de pobreza.

> Loado seas, mi Señor, por sor Clara
> la cual es muy dulce y humilde, y preciosa y casta.

Vida inflamada en amor por Cristo y por la humanidad

¿Historia, leyenda, novela, poesía? ¿Qué es esta vida de Santa Clara? Es todo en uno: historia cuajada de poesía, poesía con sabor a leyenda, leyenda que fluye como novela.

Pudiera pensarse que una vida medieval es algo extemporáneo y ajeno a los agitados albores del siglo XXI. Que la penitencia, la pobreza y la oración en silencio merecen un marco patinado en una pinacoteca de antigüedades porque nada o muy poco se compaginan con la actividad ruidosa y los avances de la técnica y del progreso actuales.

Yo creo que no. Porque quizá como nunca necesitamos ahora de estímulos que nos reconduzcan a las fuentes originales de la naturaleza en general y de la naturaleza humana elevada por el amor de Dios a la participación de ese amor, y redimida por Cristo a través de la cruz y la resurrección.

Vivimos una vida vuelta hacia el exterior clamoroso que aturde nuestros ojos y nuestros oídos; vivimos en el instante presente que nos absorbe, en la fascinación de la última novedad que nos proporcione comodidad y nos ahorre aun el más mínimo esfuerzo y la más leve mortificación.

Y no tenemos tiempo para pensar en lo trascendente y eterno, para meditar en el amor del Padre, en el amor auténtico de total donación encarnado en el sufrimiento y la abnegación de Cristo, en el amor subsistente que es el Espíritu Santo que habita en nuestro interior. Vivimos vacíos de pensamiento interior y de amor. No disponemos casi de un minuto para meditar en silencio porque el silencio ya no existe, sobre todo en nuestras ciudades. Y es el silencio donde se ecucha mejor la voz de Dios.

No sin razón nos maravilla la eficacia de las comunicaciones instantáneas a través de las ya empequeñecidas lejanías, que al momento convierten las ideas en acciones. ¿Pero somos conscientes del valor de esa comunicación vigorizante y siempre eficaz que es la oración, la oración de alabanza y agradecimiento, de intercesión y de reparación rendetora avalada por Cristo?

Por eso considero, y espero, que esta vida sencilla, transparente y luminosa de Clara de Asís haya de estimular a muchas almas a vivir esa interioridad que tanta falta nos hace, y que es factor decisivo de identificación con Cristo redentor, de dinamismo personal anclado en los valores perennes, de compromiso social, solidario y apostólico.

Para respetar en lo posible el sabor original de la obra, me he permitido conservar locuciones italianas un tanto arcaicas como "messer" por "el señor don", "madonna" por "mi señora doña" y alguna otra, porque me parece que engranan mejor con los nombres propios italianos de la primera mitad del siglo XIII. Igualmente he querido, para deleite del lector, presentar la traducción castellana del inefable "Cántico de las creaturas" en columna paralela con la grafía del balbuciente italiano umbro-provenzal empleado por San Francisco de Asís.

Quiera Dios, por intercesión de esta santa amable y sonriente, que la presente traducción castellana haga recapacitar al lector sobre la belleza de la santidad, y suscite un nutrido número de vocaciones y de almas que en los valores fundamentales cristianos encuentren, a una con Francisco y con Clara, la fuente de una vida interiorizada, sonriente, serena e inflamada en amor por Cristo y por la humanidad.

México, D.F. a 11 de agosto de 1990
Festividad de Santa Clara

PBRO. DR. FAUSTINO CERVANTES IBARROLA

Indice

Se terminó de imprimir en los talleres de EDICIONES PAULINAS, S. A. de C. V. - Av. Taxqueña No. 1792 - Deleg. Coyoacán - 04250 México, D. F., el 25 de Marzo del 2002. Se imprimieron 2,000 Ejemps. más sobrantes para reposición.

